『通古察今』系列丛书

中国历史教育变革过程中的思考与探索

马卫东　著

河南人民出版社

图书在版编目(CIP)数据

中国历史教育变革过程中的思考与探索 / 马卫东著. —
郑州 : 河南人民出版社, 2019. 12(2024. 5)
(“通古察今”系列丛书)
ISBN 978-7-215-12098-3

Ⅰ. ①中… Ⅱ. ①马… Ⅲ. ①中国历史-教学研究
Ⅳ. ①K2-4

中国版本图书馆 CIP 数据核字(2019)第 273054 号

河南人民出版社 出版发行
(地址:郑州市郑东新区祥盛街 27 号 邮政编码:450016 电话:0371-65788077)
新华书店经销 永清县晔盛亚胶印有限公司印刷
开本 787 毫米×1092 毫米 1/32 印张 5.875
字数 83 千字
2019 年 12 月第 1 版 2024 年 5 月第 2 次印刷

定价: 52.00 元

“通古察今”系列丛书编辑委员会

序　言

在北京师范大学的百余年发展历程中，历史学科始终占有重要地位。经过几代人的不懈努力，今天的北京师范大学历史学院业已成为史学研究的重要基地，是国家首批博士学位一级学科授予权单位，拥有国家重点学科、博士后流动站、教育部人文社会科学重点研究基地等一系列学术平台，综合实力居全国高校历史学科前列。目前被列入国家一流大学一流学科建设行列，正在向世界一流学科迈进。在教学方面，历史学院的课程改革、教材编纂、教书育人，都取得了显著的成绩，曾荣获国家教学改革成果一等奖。在科学研究方面，同样取得了令人瞩目的成就，在出版了由白寿彝教授任总主编、被学术界誉为“20世纪中国史学的压轴之作”的多卷本《中国通史》后，一批底蕴深厚、质量高超的学术论著相继问世，如八卷本《中国文化发展史》、二十卷本“中国古代社会和政治研究丛书”、三卷本《清代理学史》、五卷本《历史文化认同与中国统一多民族国家》、二十三卷本《陈垣全集》，以及《历史视野下的中华民族精神》《中西古代历史、史学与理论比较研究》《上博简〈诗论〉研究》等，这些著作皆声誉卓著，在学界产生较大影响，得到同行普遍好评。

除上述著作外，历史学院的教师们潜心学术，以探索精神攻关，又陆续取得了众多具有原创性的成果，在历史学各分支学科的研究上连创佳绩，始终处在学科前沿。为了集中展示历史学院的这些探索性成果，我们组织编写了这套“通古察今”系列丛书。丛书所收著作多以问题为导向，集中解决古今中外历史上值得关注的重要学术问题，篇幅虽小，然问题意识明显，学术视野尤为开阔。希冀它的出版，在促进北京师范大学历史学科更好发展的同时，为学术界乃至全社会贡献一批真正立得住的学术佳作。

当然，作为探索性的系列丛书，不成熟乃至疏漏之处在所难免，还望学界同人不吝赐教。

北京师范大学历史学院

北京师范大学史学理论与史学史研究中心

北京师范大学“通古察今”系列丛书编辑委员会

2019 年 1 月

目　录

前言

当下，中国基础教育课程改革在曲折中艰难地行进。如果精确计算的话，这一轮基础教育课程改革始于 40 多年前。当时，伴随着国家的改革开放，教育在逐渐步入正轨的同时，拉开了改革的序幕。

20 世纪 70 年代末，首先触动人们的教育话题是“教育是什么”。在讨论中，虽然没有一种观点成为公认的，但其意义重大，一是开拓了人们的教育视野，二是引导人们从学术的层面思考教育的基础问题。其次，人们集中关注的是学科教学中知识与能力的问题。在历史教学领域的讨论中，人们对历史知识和历史能力哪一个更重要、历史知识和历史能力之间是什么关系、教学中怎样处理好二者之间的关系等问题，发表了不同看法。虽然也没有形成公认的结论，但推动了人们对合理建构教学目标体系进行有益的探索。

20 世纪 90 年代初，随着《中华人民共和国义务教育法》的颁布（1986 年），教育前行的步伐也在加快。国家首次实行教科书审定制，并于 1993 年秋季推出义务教育阶段“一纲多本”教科书。随着义务教育的实施，人们围绕着应试教育和素质教育的问题，展开了涉及基础教育属性的讨论。在历史教学领域，人们除了继续关注知识与能力的问题，还围绕历史科目高考话题，展开了对应试教育和素质教育的探讨。但是，由于所涉问题复杂，并受到教育语境的制约，讨论仅仅从问题的表象展开，很难从学术的层面对相关问题展开深入研究和探索，因而也就很难得出符合逻辑的结论、取得像样的成果。

进入 21 世纪，中国开启了新一轮基础教育课程改革。这是半个世纪以来，中国第一次以课程为核心进行基础教育体系的重组。由于此次改革的力度和深度比以往都大许多，遇到的困难和困惑自然也多且复杂了许多，梳理起来的话，大致有以下几个主要方面：

一是教育观念的更新。当我们始终沉浸在“万般皆下品，唯有读书高”的认识之中，抱着“望子成龙”

的焦虑心态，在“不要输在起跑线上”的语境中苦寻教育出路的时候，“教育是目的，不是手段”“教育的目的是塑造人格、实现人的全面成长”的现代教育的观念很难树立。在这样的教育背景和教育平台上，人们主要是从分数的角度对待历史教育的。因而，历史教育的价值很难体现，科学的历史教育观也无从谈起，科学的历史教育理论亦很难有生成的土壤。

二是中国特色的现代教育理论建构。自近代以来，中国教育始终在西方教育理论体系中寻发展，以至于我们的教育理论发展出现断裂，在古代教育理论之后，现代教育理论在中国始终没有形成体系和流派，在教育实践中，人们只好采取“拿来主义”。在历史教育领域，40 年来出版的各种关于历史教学法、历史教育学的书籍，内容大都是一般教育理论加上历史教学案例，很少有自成学科理论体系的相关著作问世。因而对“什么是历史认知”“历史认知有什么特点”“它与数学认知、科学认知、语文认知有怎样的异同”等等，这样一些涉及科学解释历史学习必不可少的基础性问题，缺乏必要的探索和研究。

三是如何构建成熟的现代课程体系，引导教学的进步。课程建设在当前的中国教育改革中，是一个相当薄弱的环节。这是因为从20世纪中期以来，我们打造的是一个以教学为核心的教育体系，在本轮教育改革中，我们才开始尝试建构以课程为核心的教育体系。因此，在教育前行中会遇到许多有待深入研究和化解的问题。历史课程是基础教育中的核心课程之一，在当前的课程改革中，历史课程建设至少需要实现两点突破：第一，深入了解和研究作为学生认识对象的内容的历史特点，编订出真正能够引领学生历史认知的历史课程；第二，破除“教教科书、学教科书、考教科书”的以教科书为中心的课程思维模式，以便在更宽阔的课程平台上展开历史教学。

四是建构完整的基础教育测量评价体系。以高考作为基础教育的实际评价目标，这是中国教育多年以来被实践证明的一个症结，化解这个症结，需要解决许多不同层面的问题。但是，建构科学、合理的现代教育测量评价体系，是解决这些问题的落脚点。没有一个科学、完整的测量评价体系，真正的教育现代化只能是可望而不可及的。

当代历史教育要取得实质性进步，不仅需要实践，更需要深入展开寓于实践中的教育研究。祝愿我们的历史教育研究苑中百花争艳，绚丽多彩。

马卫东

2019 年 4 月

中华优秀传统文化的社会功能及其现实意义

人类在漫长的自身发展过程中，创造并积累了丰富的文化遗产。其中，中华传统文化是这一份遗产的重要组成部分。她不仅具体记录了中华民族发展、进步的艰辛历程，同时其优秀的部分也宣示了中华民族在历史发展中取得的辉煌成就以及对人类进步做出的种种贡献。

进入 21 世纪以后，在经济全球化和政治多极化相互制衡、相互作用下，人类社会发展出现了许多新的状况,面临越来越复杂、多变的局面。在如此大局中，中华民族如何合理应对，抓住机遇，经受挑战，实现自身发展是一个囊括了许多问题的宏大课题。其中，如何承传和发展中华优秀传统文化，使其在实现中华民族振兴过程，成为积极要素和正能量，日益成为人们关注和热议话题。

本文仅从社会功能和现实意义的角度出发，对中华优秀传统文化的承传和创新做些许拓展性思考，以就教于大家，求得斧正。

一、中华传统文化的基本内容

当下，在承传中华传统文化的讨论和实践中，人们对“什么是中华传统文化”有着不同的看法和解释。归纳起来，涉及三个问题：一是中华传统文化的范畴，即如何定义中华传统文化；二是中华传统文化包括哪些主要内容；三是何为中华传统优秀文化。对这三者的认识是否到位、是否合理，关系到在现实社会中，能否充分外化其功能，最大限度地发挥其作用。

涉及中华传统文化的范畴，人们在认识和表述时，往往有广义和狭义之分。广义的中华传统文化又分为物质文化和精神文化；狭义的中华传统文化，则专指精神文化。这样的划分一般说来是不错的。

但是，这样的划分带有明显的缺陷，即割裂物质文化和精神文化，这不利于我们完整考察、认识和阐释中华传统文化。纵观人类社会发展进程的每一个时段、每一个环节、每一个领域，物质和精神的作用从来同等重要。二者虽然各自独立，但是，它们之间又相互依存、相互作用。特别是在中华传统文化的产生和发展过程中，物质文化和精神文化始终相互依存、相互作用，是通过二者你中有我、我中有你，相互渗透体现出来的。正是这种密不可分的整体关系，才使其在人类发展过程中的重要作用不可缺失、不可替代。如，中国古代的儒学，作为一种博大精深、深入人心、制动社会的思想理论体系，一定不是孤立存在的。其产生、发展，一定受物质基础和物质条件的制约。儒学是在怎样的物质环境、条件下产生和发展的？它又对物质环境和条件的改善产生怎样的制衡与推动？这是我们在认知和阐发儒学思想时，首先要弄明白的问题。因此，我们在研究和认识中华传统文化的过程中，必须从始至终将物质和精神作为一个整体，将物质文化和精神文化作为一个文化范畴，深入探识中华传统物质文化和中华传统精神文化的统一关系。

中华传统文化到底包括哪些内容？一直以来，人们在认识角度、价值观念、思维方式、建模方式等诸多方面存在不同，因此形成的观点也就不同。但是，以往对中华传统文化内容的认识，大都是采用罗列、堆砌式的呈现方式，其缺陷明显。作为一种在特定环境、特定条件下，经过漫长发展过程生成的文化，首先，它具有整体性，即有一个独特的文化体系。中华传统文化在其漫长的生成过程中，形成了从物质到精神、从观念到思维、从习惯到准则的一整套结构严密的文化系统。其次，作为一种形成体系的文化，中华传统文化的具体内容非常丰富，但是这些内容之间联系密切、相互作用、不可割裂。再次，中华传统文化有属于自己的、深邃的内核。因此，在探讨和认识过程中，我们不能简单地采用罗列、堆砌的办法，而是应该开阔视野、开放思维，将中华传统文化作为一个丰富而复杂、庞大而严谨、源静而流变的体系，放到人类生成和发展的大系统中进行考察和解析。

什么是中华优秀传统文化？这是人们在认识和探究中遇到的又一个问题。有人认为，中华传统文化是中华历史遗产的一部分，应该就是中华优秀传统文化，二者不能再做区分，并且两者之间很难区分；亦有人认为，中华传统文化是对中华民族往事的总括。回顾历史，中华民族与世界各个民族一样，在其漫长的发展过程中，有意义、好的部分自然流传下来，旧的、过时的部分自然被淘汰；还有人认为，从历史发展进程的具体情况来看，中华传统文化应由两部分组成，一部分是精华，一部分是糟粕，精华当然需要继承，糟粕则需要剔除，然而摆在人们面前的难题是，中华传统文化是由精华和糟粕融成的一个复杂而严密的自然整体，我们在批判地继承时，如何做到精准、合理地分离二者。

当前人们在表述中华传统文化时，还使用了一些不同的概念，如，中华文明、国学等等。这也从另一个方面，反映出当下研究和认识中华传统文化这一领域的状况和所达到的水平。

综上所述，在承传中华传统文化的研究和实践中，还有许多重要的基础性问题需要关注、需要辨识。

二、中华优秀传统文化的现实功能

在现实中，我们如何真正发挥中华优秀传统文化对中华民族发展与进步的促进作用？这是大家都在关注的问题。但是，发挥中华优秀传统文化的作用不能过分功利化、物质化，我们更应关注中华传统优秀文化本身所具有的功能。因为作用是功能的外化，作用是由功能所制约、所决定的。

中华优秀传统文化具有怎样的功能呢？从目前研究现状来看，这是一个仁者见仁、智者见智的问题。笔者见解如下：

（一）存续中华优秀历史遗产的功能

中华民族的历史是人类历史的重要组成部分。在世界民族之林中，中华民族以勤劳、智慧、勇敢著称。在漫长的历史岁月中，一代又一代中华民族的祖先，世代相继，一路走来，形成了几千年连续不断的中华民族的悠久历史。作为遗产，中华民族的历史内容极其丰富，包括了各个民族在不同历史发展阶段的物质生产和生活、精神生产和生活。这些物质的、精神的生产和生活的各种形态的遗留物，构成了中华民族的历史遗产。在中华民族历史遗产中，那些隐含在具体事物和具体物质中，能够制约和影响事物和物质的发展变化，具有普遍性、永恒性、持续性，并能够促进人的意识、思维、情感活动的要素，就是中华传统文化。由此可见，中华传统文化不仅是一般意义上的中华民族历史遗产组成部分，同时也是中华民族历史遗产的主轴和核心，更是中华民族历史遗产的升华。在现实中，人们在越来越多的不同语境中，会用中华传统文化这个概念来具体表述和表示中华历史遗产。这样一来，中华传统文化不仅可以直接“代言”中华民族历史遗产，同时它也具有了等同于中华民族历史遗产的身份。二者相融，中华传统文化就具有了至少以下两点特质：

一是中华优秀传统文化是中华民族历史遗产凝练、升华的产物，因此亦是中华民族历史遗产的直接呈现。它能够更深刻体现中华民族历史遗产的内涵和精髓。

二是作为一种历史悠久、具有特色、内容丰富的文化形态，中华优秀传统文化充满活力，其发展具有连续性、始终没有中断过。其所经历的几千年经久不衰的发展历程，有力地证明了中华优秀传统文化的生命力和持续性。

中华优秀传统文化的这两个特质，从客观上赋予了中华优秀传统文化存续中华民族历史遗产的功能。在批判地继承中华民族历史遗产，承传中华优秀传统文化的过程中，我们应该不断加深对中华优秀传统文化与中华民族历史遗产关系的了解，进而不断深入揭示中华优秀传统文化的存续功能，在实践中，充分发挥其这一功能的作用，是实现中华优秀传统文化继承和创新的要素之一。

（二）启育中华后人的功能

中华优秀传统文化对历史具有怎样的社会功能和作用？古今中外许多著名的学者曾从不同角度给出了许多具体答案。归纳起来，有两点被大多数人所认可。一是历史具有启示的功能和作用；二是历史具有借鉴的功能和作用。在中国，人们自古就注重历史的这两大功能和作用。“以史为鉴，可以知兴替”，不仅为中国古代历代统治者所关注，也为他们在治国的过程中所践行。在历史发展过程中，人们越来越深刻认识到，既然中华优秀传统文化是中华民族历史遗产的组成部分、直接体现和精髓，历史所具有的功能就不仅应该而且可以转化为中华优秀传统文化的功能，即中华优秀传统文化具有启发和教化的功能。

在中华民族的历史发展进程中，我们的祖先在创造优秀的物质遗产的同时，也创造了博大深邃的精神文化，这份文化遗产的核心是什么？是做人。追求人的品位，讲究人的道德，关注人的节操，是中华民族的历史传统。如何实现如此做人的目标？从现有的历史痕迹中，可以寻到线索。在历史的不同时代，中华民族的祖先在实现做人这一目标时，一是根据不同时代的社会要求，树立明确的现实的做人目标，二是通过文化承传，用历史上的做人事例启发、教化现实中的人们，在实践中，我们的祖先在这方面创造了许多成功的案例，积累了丰富的经验。举一例，中华民族历来讲求孝。“百善孝为先”，说明我们的祖先对孝的看重的程度。在历史发展进程中，凝聚形成了“二十四孝”，“二十四孝”图在很长的历史时期中，是启发、教化人行孝的形象教科书。在今天，我们构建以人为本、和谐社会，仍然大力倡导孝的时候，如何恰当地将我们历史上二十四孝中所包含的那些优良的、公认的、在现实中仍然可以发挥积极作用的孝道，合理分离出来，为现实所用？我们这些生活在现实中的人们必须要做深入的探究。

（三）提升中华民族活力的功能

自古以来，中华民族就是一个具有创新力的民族。在历史发展进程中，我们的祖先战胜各种困难，创造出了种类繁多、独具特色的中华文明成果。在长期的历史发展中，由于人与物相互作用的关系的存在，这种人对物的创新力不断转化为人的主观内驱力，而人的主观内驱力，也可以转化为创新力，正是这两种力的不断相互作用、相互转化，使中华民族成为一个充满活力的民族，也正是这种活力，充分保证了中华民族的发展与进步。这样一个鲜明的民族文化生成的特点，使得中华优秀传统文化在传承过程中，始终具有提升民族活力的功能。

近代以后，由于多重因素的集成作用，中华民族原有的一整套发展系统被打破，发展的步伐缓慢，中华文明黯然失色。但是，即使是这样，中华民族仍然不屈不挠，求变探索，体现出了中华民族在困境中，仍富有民族活力的一面。

1949 年 10 月 1 日以后，新中国在充满坎坷和曲折的艰难发展中，仍然不断运用以独立自主、自力更生为内核的创造力，取得了一个又一个成就，实现了发展。这些成就取得的过程，充分证明了中华民族仍然具有活力。

进入 21 世纪，中华民族在已有基础上，正向实现伟大“中国梦”的目标，加快行进。中华优秀传统文化正可以充分发挥其这一功能，不断促动中华民族的创新力，提升民族活力，以实现伟大的民族发展。

三、承传中华优秀传统文化的现实意义

当下，中华优秀传统文化如何在现实社会中发挥作用，日益受到人们的重视。但是，由于对其中涉及的一些基础性问题缺乏深入的探究和认知，在实践中，出现了许多值得思考的做法。例如，许多地方的学校简单把“国学”纳入课程，课堂上下让学生孤立地诵读诸如《百家姓》《三字经》《弟子规》等古代启蒙读物；再如，将中华传统文化的教育，过分形式化，让学生

穿上古代服装，通过扮演，简单模仿古代某些特定活动场面；等等。这些情况表明，在我们当前所进行的有关承传中华优秀传统文化的各种类活动中，存在着明显的简单化、表面化，甚至功利化和庸俗化的现象。

为了更好地认识和摆脱当前在中华优秀传统文化承传中，已经存在、正在生成的缺陷和误区，仍然有必要不断深化对承传中华优秀传统文化意义的认识。目前，关于承传中华优秀传统文化的意义，已有不少的研究成果，形成了许多见解和观点，笔者试做归纳、提炼后，提出以下看法。

（一）做好中华优秀传统文化的承传，是现实中，充分发挥中华优秀传统文化社会功能的必要条件和坚实基础

中华优秀传统文化的承传，一个是承，即继承；一个是传，即传播；二者相互独立、相互联系、相互作用。我们必须完整和深刻地认识二者各自所表现的事物内涵，同时还要同样深刻认识这二者之间紧密的、

具体的关联。

在当前，我们一定要做足够的功，明确我们需要继承的中华优秀传统文化是什么、有哪些，然后将它们很好地保存下来。同时，我们还要将这些保存下来的优秀的东西，传播出去。一个是横向的传播，就是向世界各地推广；一个是纵向的传播，就是通过一代又一代的承继，向后世、向未来传播。这项工程是非常重要、非常庞大、非常复杂的，做不到位，在现实中，就谈不上有效地发挥其社会功能和现实作用。

因此，可以说，中华优秀传统文化的承传做好了，有两个方面的现实意义。其一，承传本身在一定程度上就是中华优秀传统文化的社会功能和现实作用的体现；其二，承传是中华优秀传统文化的社会功能和现实作用的基础。当前，我们在发挥中华优秀传统文化社会功能方面出现的各种问题，恰恰证明了我们在承传上没有做好，而是过分地关注“发挥作用”。因此，我们仍须要花大力气，深入体验和认识中华优秀传统文化的承传。

（二）做好中华优秀传统文化的承传，有利于塑造品位高尚的人，而个人素养的全面提升，有利于提高中华民族素养的水平

在中华民族的发展进程中，我们的祖先非常注重对人的培养。因此，在中华优秀传统文化的体系中，大量的内容，是关于培养什么样的人和怎样培养人的。如，构成支撑整个大一统帝国时代理论基础的儒学，在历史发展的不同阶段，虽有损益，但整体和核心的内容不变，就是注重做人，并始终把做人的标准放在重要的位置。中华民族在长期发展中，形成了一整套完备的古代做人的理论。例如，在人的修养方面，既强调个人自律质量的修养，又强调个人他律质量的修养。同时，还存留了一大批丰富的案例。前面提及的二十四孝，就是其中之一；孔夫子本人就是一位一生践行做人准则的楷模。作为现代中国社会发展过程中的现实的个体人，仍然需要个人的自律和他律，中国公民怎样做好自律和他律，我们是可以从中华优秀传统文化中的相关内容中汲取养分的。这些养分不仅有

助于我们建构今天的自律和他律标准，其中包含的丰富案例，还可以为我们提供行为示范样本。

当一个社会中每个成员都实现了个人素养的提高，其社会的整体水平也会相应提高。当下，中国社会存在许多问题，如官员腐败、道德滑坡、风气不良等等。“制度派”的一些人，看重制度，强调用制度解决问题。制度重要吗？我们说,制度一定重要。但是，制度也是社会层面的事物和现象，而社会产生与存在是以人为前提和基础的。因此，解决社会问题，最终还是要依赖社会每一个成员自身素养的提高。坦率地说，如果现实中国社会的每个成员都具有很高的自律和他律修养，这些问题自然就不会这样多、这样严重。

以上用现实中的一个具体又有失之简单嫌疑的社会现象的案例，是想要说明一个宏观的议题：中华民族个体成员素养的高低、结构的优劣等，决定了我们这个民族质量和水平的优劣和高低。

（三）承传中华优秀传统文化，有助于完善人类优秀传统文化体系，丰富人类优秀传统文化的内容，促进人类优秀文化的多元发展

在人类历史漫长的发展过程中，世界各个民族都创造了自己的历史文化，这些文化都具有自身的独特性，又具有关联性。正是这些文化一起构成了人类文化这一整体。中华优秀传统文化是这些文化中的一员，也是其重要的组成部分。这样一来，中华优秀传统文化就与人类优秀传统文化结成了紧密的关系。如今，中华优秀传统文化仍然在人类文化发展进程中起着重要的推动作用。

首先，中华民族的历史发展进程，从起始就具有自身特点，在之后的历史长河中，中华民族形成了自身的历史文化系统。如果没有中华优秀传统文化，人类优秀传统文化作为一个整体，就会出现严重缺失，其作为人类文化体系也就很难成立。当然，中华优秀传统文化在发展过程中，也在吸收人类文化的养分，不断完善自身体系。

其次，在历史发展进程中，中华文明的内容，从形成时就呈现出了多姿多彩的面貌，这不仅丰富了中华民族自身的文化，更是极大地丰富了人类优秀传统文化的内容。在历史上，中华优秀的文化内容，曾被亚洲各国所借鉴，也曾远播欧洲、非洲、大洋洲。同时，中华优秀传统文化在发展过程中，也在不断吸取人类文化的优秀成果。

再次，中华优秀传统文化是以做人为核心的，在其发展过程中，形成了以德立人的教化体系，从历史的角度来看，这正是中华优秀传统文化对人类传统文化的重要贡献之一。在当代人类社会发展进程中，中华优秀传统文化的这一核心立意，仍然可以在人的教化与培养方面，对世界各民族的发展，起到补充、促进作用。

（未刊稿　2015 年澳门中华教育会成立 95 周年“立德树人——中华传统文化的承传与创新”教育论坛）

对当前中国基础教育课程改革的理论思考

——兼谈基础教育观念的更新

随着普通高中课程改革的启动，我国基础教育课程改革进入了全面实施、实验的阶段。然而，当直接面对新课程的时候，在对长期以来我国基础教育的局限和弊端深有了解，并热切期盼改革的许多一线教师中间，却又一时出现了不同程度的不适应，不少人甚至对新的教育改革局面感到困惑。坦率地说，造成这种状况的因素有许多，且十分复杂。本文想就改革过程中，教师如何转变和更新教育观念，以正确应对新课程的挑战，并在新的教育形势下，满怀信心地担负起教育工作者的职责，完成时代赋予我们的神圣使命，谈几点看法，以与长期艰辛耕耘在基础教育园地的广大老师们共同商榷。

教育观念是教育这一客观事物在人们的头脑中，经过抽象而形成的概括表象，它属于思想意识的范畴，是在教育的长期发展过程中，逐渐积累和形成的，因此，具有很强的稳定性，不易改变。但是，当社会的发展与进步，需要教育变革的时候，教育观念应首先转变，也就是说，当旧的教育需要改变时，首先应对人们旧有的教育意识加以改进。

那么，怎样来具体理解和认识基础教育的观念呢？

一般来说，基础教育的观念是由三个层面的内容构成的一个整体。因此，教育观念的转变，亦应把握住三个层面。

第一个层面的内容，是树立正确的基础教育目的观。

教育是专门培养人的一项特殊社会活动，而人类的任何社会活动，都是有目的的。在终身教育的思想确立以后，教育的目标不再呈现出零散、孤立的状态，而是越来越成为一个日趋科学化的完整体系，不同级别、不同类型教育的培养目的之间既有共性，又存在着很明显的差异。在基础教育改革中，我们必须从终身教育的理念出发，首先对基础教育目标在整个终身教育目标体系中给予准确的定位，这是树立正确基础教育观的重要前提和条件。目前在许多国家的基础教育改革中，对基础教育目的的定位，是一个“仁者见仁，智者见智”的难以准确把握的问题。但是，有一个趋向——力求真正实现基础教育的大众化、国民化，是值得我们注意的。

在终身教育体系中，基础教育处于初级阶段，其根本目的是使儿童从不成熟走向成熟，最终成为真正意义上的社会人，这是基础教育观的核心。但是，基础教育作为一项社会活动，与其他社会活动之间有着各种密切的联系，相互作用，并会产生各种各样的自然结果。例如，教育与经济发展的相互作用，教育与社会政治的相互作用，有的人通过基础教育可以升入高一级学校继续学习，等等。在建构或理解基础教育的目的时，如何摆正、处理好教育的作用、结果与目的之间的关系是非常重要的。上述所列的教育的作用、结果是客观存在的，与教育目的之间不能画等号。在教育运行过程中，如果过分追求或片面追求这些作用和结果，就会使教育带有明显的功利或片面功利的色彩。由于历史与现实的各种因素的制约，迄今为止，我国基础教育的发展，始终没有能够摆脱片面功利主义的影响，特别是在社会转型过程中，在教育目的观中，过分注重教育的物质功用、“重理轻文”的意识不断蔓延、扩展，以至于“素质教育”的要求在我国的基础教育中，难以真正贯彻和落实，“通过考试”、获取考试的高分，成为了基础教育的最直接的目标。这种状况的长期存在，导致了我国的基础教育链中出现了许多缺环。目前，越来越多的人们认识到：我国基础教育改革的关键之一，是教育目的观的转变和更新，如果这一点实现不了，当前这场基础教育课程的改革，很难取得实质性的成果。

怎样才能树立起全面、科学的基础教育目的观呢？

首先，我们要在思想和意识上为树立全面、科学的基础教育目的观准备必要的条件。必须认识到，在人类向现代社会迈进的过程中，不仅需要丰富的物质积累，同时也需要丰富的精神积累，换句话说，物质财富和精神财富是支撑现代社会的两大支柱，二者不仅缺一不可，亦不能在社会发展过程中出现失衡。进一步说，任何一个社会，如果在其发展中，物质财富和精神财富的积累出现失衡，这个社会就可能是一个非正常发展的畸形社会。与现代社会的发展相适应，作为衡量现代社会创造者现代人的标准，也就理所当然地包括两大部分：具有很强的掌握物质财富的能力（包括创造物质财富本领的水平）和具有同样强的掌握精神财富的能力（包括创造精神财富本领的水平）。这是全面、科学的基础教育目的观赖以生成的重要条件。

其次，我们要努力奠定树立全面、科学的基础教育目的观的社会基础。截止到目前，我国的这场基础教育课程改革，虽然轰轰烈烈，但是基本上限于教育这一“窄小”的领域内，并没有受到社会，特别是广大民众应有的广泛关注。诸如素质教育的实施、教育理念的更新、课程内容的选择等等，不仅没有得到民众的认同，甚至相当多的人对这次基础教育课程改革知之甚少。这样，就出现了这样的局面：处在教育研究领域里的人们在热火朝天地谈论教育改革的同时，整个社会特别是广大家长对教育的关注点仍然是学生的“分数”，而处于两者夹缝之间的学校、教师能够做的只能是“素质教育轰轰烈烈，应试教育扎扎实实”了。因此，为树立全面、科学的基础教育目的观奠定坚实的社会基础十分重要。而要真正做到这一点，就必须把当前的这场基础教育课程改革推向社会，让全体国民参与到改革当中来，给予他们充分的发言权，从而形成一个社会广泛参与、畅所欲言的教育开放的局面。这样做的益处在于，教育改革的设计者们既可以广泛倾听不同意见，从而开拓更广阔的视野，不断完善教育改革的思路、方案，又可以向社会及时传递关于教育改革的各种信息，以使广大民众对这次教育改革的认识、理解不断走向深入，逐步实现认同。

再次，我们要把全面、科学的基础教育目的观真正落实到学校的教育实践中。学校是专门进行教育的机构。在任何教育实践中，学校始终处于核心环节的地位，任何教育的改革都与学校的态度和行为密切相关。这是因为任何一种教育的设计，方案的实施、落实，都是通过学校完成的；同时教育与社会的联系也是通过学校实现的。因此，在任何教育改革中，学校的改革非常重要。在当前的基础教育课程改革实践中，大多数学校面临着要相应完成更新教育理念、提升教师素养、变革教学方式、创新评价体系等诸多方面软件条件的任务，而在现阶段要完成这些任务存在着诸多客观和主观的困难因素，这就需要学校的管理者具备科学应对这些困难的理论素养和技能素养，以在教育发展的进程中，随时处理好现实与理想之间的关系，使学校在改革、变化的过程中，既不断完善自身，又能为整个教育改革尽到应尽的义务。

第二个层面的内容，是逐步形成科学的基础教育课程观。

课程改革是这次基础教育改革的核心。必须说明的是，长期以来，我国的基础教育体系以教学为轴心，对完整意义上的课程概念，很少涉及。当前的基础教育改革既然是以课程改革为核心内容的，那么首先应建构科学、完整的课程观。但是在世界范围内，课程观是最有争议的，对课程的讨论也是最活跃的。我国对现代课程的研究起步较晚，还没有形成完整的、带有自己特色的课程理论。这是今天我们的课程改革所面临的严重困难之一。

但是，通过到目前为止的理论研究和教育实践，我们在课程方面也不是没有进展和成果。在教育改革实践中，先后编订了全日制义务教育课程和普通高中课程，其中义务教育课程既有分科课程也有综合课程；普通高中课程既有学科课程也有活动课程。在理论研究中，我们在借鉴和吸收国外的课程理论成果基础上，正在逐步搭建我国基础教育课程理论的框架。因此，对于一线的教育工作者来说，真正树立起科学的课程观，还要经历一个相当长的过程。然而，我们的课程观毕竟已经处于形成过程之中，在这期间，我们已经对一些主要问题形成了认识。

首先，是对课程的总体认识。什么是课程？这是一个各国课程论专家正在探讨且分歧颇多的问题。因此，课程的定义，不是我们在这里专门谈论的话题。但是要认识和了解课程，又需要围绕这个内容展开。新中国成立后，我国的基础教育体系一直是以教学为核心和联系纽带的，因此我们的广大教师对教学非常熟悉，以至于我们的许多同志认为，教学就是教育，也就是说，教学几乎等于教育的全部工作。在当前的基础教育改革中，当我们提出课程，特别是构建以课程为核心的基础教育体系时，许多同志仍然习惯用旧有的认识，套用于课程，这样一来，就出现了许多对课程不科学的理解。例如，不少一线教师认为课程就是现行教育中的“课”，即课堂教学；在这样的认识下，又有不少教师在实践中将本属于内容的活动课程的“活动”，简单地等同于作为行为形式的“活动”，错误地将活动课程与学科课程混为一体，从而造成了历史课程实施过程中不应有的混乱。我们应当怎样来理解课程呢？简单地说，课程是教育活动的一个重要环节，它是依据教育目的，围绕教育内容和教育实施预设的教育活动的结构。具体来说，它包括以下含义：

第一，课程不等于教育，它是教育活动的一个重要环节。因此，它与教育活动的其他环节有着不同程度的联系，但不能是其他教育环节的某一方面。

第二，课程是具体落实教育目的的一定的教育运行结构。在实践中，这一结构主要是通过课程编订、课程方案表现出来的。

第三，这一结构主要是围绕教育内容和教育实施形成的。

因此，在以课程为核心和纽带的基础教育体系下，教育的各个环节，都应被纳入课程的系统，而不是纳入教学的系统之中运作。说到这里我们有必要简要了解一下分别构成两个教育体系的基本环节。以教学为核心的教育体系的基本环节：教学计划和教学大纲的制定、教科书的编写、教学过程、教学测量与评价。以课程为核心的教育体系的基本环节：课程和课程标准的编订、课程资源、课程实施过程、课程的测量与评价。从两个体系的构成，我们可以明显感觉到两个体系各自的特点和它们之间的差异，它们之间的许多环节虽然有相应的联系，但又不能简单地相对应和互通。站在课程的高度，要对教育体系中的许多内容从新认识和定位，例如，教学大纲就不能简单对应课程标准，因为在不同的教育体系中，这两种文件制定和使用的目的和作用是不一样的，因而也就不能简单地将二者进行比较，以二者互为标准评价其好坏。

其次，是对课程类型选择的认识。对课程类型选择的认识，是课程观的又一个重要内容。在基础教育课程改革中，应该基于怎样的认识来选择课程类型呢？虽然一线的教师不直接参与这一工作，但是充分了解其中的一些理论研究成果，以及当前研究中的主要论点，对在课程实施过程中，更好地落实课程目标会有极大的帮助。

不同的课程类型是怎样形成的？简要说来，课程类型是课程理论的产物，如，“传统教育”的课程理论，派生出“学科课程”类型，“进步教育”的课程理论，派生出“活动课程”类型。因此，课程类型和课程理论之间关系密切，课程理论是课程类型选择和应用的指导思想，课程类型是为一定的课程理论服务的。在课程改革过程中，任何一种课程类型的选择和应用，都离不开对与之相适应的课程理论的认可。所以作为课程的实施者来说，在实践过程中，应当对与之相关的课程理论有深刻的了解和认识，在比较或评价不同课程类型时，亦应首先比较或评价与之相关的课程理论。但是，至今仍有不少老师，乃至教育研究者，在谈到这两种类型的课程时，往往是从哪门课程好教，哪门课程不好教的角度，来比较和评价这两类课程是“好”是“坏”，而很少去认真领会和深刻认识这两种课程类型各自所要达到的目的，并从这样的高度比较和评价它们各自的特点与局限，从而在课程实施过程中，最大限度地发挥其特点和优势，弥补其缺陷。这样一来，在改革实践中，新课程的许多思路和设想难以体现，因而也就不能有效地检验其正确与否了。

综上所述，在当前的基础教育课程改革中，我们在对课程类型问题的认识过程中，要关注以下几个问题：

一是不同的课程类型的形成是由不同的课程理论决定的，因此比较、评价课程类型时，对课程理论的比较和评价是十分重要的。

二是对课程类型不能简单地评价其“好坏”，可以说到目前为止，还没有出现过一种十全十美的课程类型，每一种课程类型都有长处，也各有缺陷。

三是对分科课程与综合课程这两类课程类型，不要在课程改革实验还没有深入之前，就轻率做出价值评判，匆忙进行取舍。应当认识到，当前的这两种课程类型并行的设计，只是诸多设计思路中的一种，在基础教育的历史教育改革中，这两种课程类型如何在教育实践中进行搭配和运用，是一个无论从理论上还是实践上，都很值得深入探讨的问题。

再次，是对处理课程内容的认识。课程内容的改革是这次基础教育课程改革的重要组成部分。一提到课程内容，许多教师立刻就会想到教科书，认为教科书就是课程内容。坦率地说，这样的认识是带有极大片面性的。在全日制义务教育各门课程的标准和普通高中各门课程的标准中，都提出了课程资源的概念。因此，全面意义上的课程内容与“传统”的教学内容之间有了明显的差别，课程内容比教学内容有了很大的扩展，在理解和把握课程内容时，至少要注意其中的两个部分：一部分是课程内容的整体设计与规划，这是在课程编订中体现的，主要包括确定课程内容选择的目标、课程内容体系结构的设计、课程内容的范围要点、课程内容的呈现方式的建议等。另一部分是课程内容的具体呈现，这是在教材编订和课程实施中体现的，主要包括编写以教科书为核心的一系列教学用书、各种资源的选择运用。

在各门课程标准研制和各门课程教材编写、课程资源选择中，涉及课程内容的问题有许多，需要妥善处理。例如，课程内容的范围、课程内容的科学性、课程内容的体系结构、课程内容的选材等等。当然，这些问题主要不是由教师来决定的，但是作为一线教师，充分了解这些问题之所在，并对其有合理的见解，是十分必要的，这样做可以在教学实践中，最大限度地弥补课程标准和课程内容的不足。

第三个层面的内容，是更新课程实施过程中的教学观。

教学是课程的具体化，也是课程实施的主要形式。在基础教育课程改革过程中，由于课程观念及课程编订都发生了很大变化，教学亦需要相应变化，其中，教学观念的更新尤为重要。

长期以来，在我国的基础教育中，由于没有形成完整、科学的课程观，对教学概念的理解过于狭窄，很少有人从课程实施的角度去认识教学，这就导致了在教育实践中，教学成为了教育的唯一组织形式。笔者以为，在我国的基础教育实践中，构成基本教学观的有这样三个基本认识：第一个认识，教师在教学中处于中心地位；第二个认识，教学是文本知识（教科书）的传递；第三个认识，教学方式只是具体教学方法的运用。这三个认识，造成了我们在教学观念方面的重大缺陷。一是对学生与教师关系始终没有形成一个完整而科学的认识，因而在教学中，就不能形成和谐、民主的师生互动关系；二是对教学内容的完整性缺乏科学的认识，这样在教学中，始终是过分注重文本知识（教科书）的传递，而忽视学生的实践体验；三是缺乏对教学方式的整体认识，特别是缺乏对方法论的应有重视，从而在教学中，始终是将着眼点放在具体方法的使用层面上，而缺乏从方法论高度，认识和设计教学方法的整体运用。这种状况，对于历史这样的学科所产生的负面影响尤为明显。

笔者认为，在当前改革过程中，对于教学观念的更新需要形成并强化以下两点认识：

第一，在科学课程观基础上建构与之相适应的教学观。在以课程为核心与纽带的基础教育体系中，课程的实施是一个囊括许多教育形式的体系，在这个体系中，教学不是孤立存在的，它受到课程的直接制约，只是课程实施的一个组成部分、一种组织形式。因而，我们对教学的理解不能过于狭窄，或失之于片面，要真正站在课程的高度，从课程实施体系而不是简单的教与学关系的角度来认识教学，以形成课程支配下的、与课程密切配合、视野更为开阔的教学观。我们必须认识到，在完整意义的课程基础上，教与学效用的充分发挥，有赖于与其他课程实施组织形式的合理组合，互为补充。同时，我们还要认识到，在不同的课程类型中，教学这种组织形式的地位、表现形式和作用是有差别的,是直接为课程服务的。例如,在学科课程中，教学的主要形式是课堂教学，学科课程的实施主要依靠它来完成。而在活动课程中，教学的主要具体形式就不可能是课堂教学了，它要以各种更为灵活的实践形式表现出来。我们需要明白，在这两类课程实施的过程中，与这两种不同的具体课程相适应的教学形式是不能够简单相互混用的。即在学科课程中，教学的主要形式不能是实践活动，而在活动课程中，教学的主要形式不能是课堂教学。

第二，形成科学、合理的师生关系理念。由基础教育课程中的知识特点所决定，正确的师生关系是教学过程得以沿着正常轨道顺利完成的重要前提。但是，在长期的教育实践和“传统教育”理论的影响下，在我国基础教育的教学中，教师和学生的关系始终处理不好。这表现在两个方面。一是过分看重教师和学生在教学中的定位，但是又始终定位不准、定位模糊。在教学中，学生被描述为处于主体地位，教师却始终没有明确的定位。“学生主体地位,教师主导作用”“学生、教师为双主体，其中学生、教师互为主体”等各种矛盾提法，深深影响着我国基础教育各门课程的教学。二是教师和学生的关系处于失衡状态。某一时期，强调教师的重要，学生的“主体地位”便在很大程度上落实不了，某一时期，强调学生的重要，教师的“主导作用”又成为可有可无。造成这种状况的一个重要原因，是我们的师生关系观念过于僵化，缺乏一种内在的活跃性。

其实，在对学生与教师关系的认识上，我们完全可以先在教学实践中了解怎样的师生关系可以使教学得以顺利进行并达到目标，而后从中抽象出教师和学生在教学过程中的各自位置，再予以理论阐述，否则缺乏一种对具体关系的客观了解为依据，可能其定位问题永远也不能够找到满意的答案。

在长期的教学实践中，对师生关系中存在的各种问题，许多人都已经有所认识并予以了论述。其中，有三个要点应引起我们的关注：一是在教学中，教师始终是以教学管制者的身份出现；二是在教学中，教师大都是课本知识的灌输者；三是在教学中，教师是知识的“权威”。这三种情况的同时存在，严重制约了基础教育中各门本应充满无限活力、引起学生无穷思考的课程的正常发展，使其渐渐变成了学生学习中的“鸡肋”。在当前的这场基础教育课程改革中，这样的状况如果得不到有效的改观，改革很难真正深入下去，并取得真正的成效，因此需要实现三个相对应的转变。一是在教学中，教师要由教学管制者转变为教学民主管理者；二是在教学中，教师要由课本知识的灌输者转变为学生学习的引领者；三是在教学中，教师要由知识“权威”转变为平等的教学合作者。

综上所述，教育观念的更新是关系到当前基础教育课程改革成败的重要因素之一。而从教育发展的历史来看，教育观念的更新在任何时期都是教育改革的难点问题，这也是目前我国这一次基础教育课程改革面临的难题，因为教育观念不转变，很难实现教育的改变。但是，到目前为止，这一方面的问题还没有受到应有的重视，特别是人们在议论这方面问题时，大都还停留在浅层面，就一些具体问题争来议去，这已经影响到了当前基础教育课程改革的深化，笔者在参加教育部高中历史课程标准的编订、各地新课程培训和担任校长职务展开工作的过程中，深感这一点。这是应当引起我们警觉的。

（原载《现代教育报》2007 年 1 月 1 日）

60 年来中国内地基础教育历史课程与教学的演变及思考

当人类进入 21 世纪的钟声敲响之际，中国基础教育历史课程拉开了改革的大幕。在这场改革走过了充满曲折和艰难的十余个年头以后，我们回过头去作一番梳理，对其中的经验也好，教训也好，进行深入的检讨和思考，十分必要。笔者愿将此文交与同行，以供批判、研讨之用。

一、1949—2001 年内地历史课的演变

从 1949 年到 2001 年，是中国内地历史课程与教学的第一个发展时期。这一时期，从中华人民共和国成立到 20 世纪末，前后经历了半个世纪。在这 50 多

年中，大致形成并完善了一个以教学为核心的学校历史教育体系，其间虽然历史课也有变化，但是大都属于量变，即操作层面的变化，其体系结构的变化并不大。因此，历史课在长期的运行过程中，不仅逐渐形成了一套“教教科书、学教科书、考教科书”的历史教学模式，并且形成了一套虽不完整但系统严密的“教学理论”。由于这套理论着重于教学，对课程的阐发则严重不足，这是直接导致 50 多年来的学校历史教育发展过程中，历史课设置始终围绕教学展开，因而发展不明显的一个重要因素。

为了更清晰地解释这个时期历史课变化的脉络，现将这一时期各阶段主要历史课设置以表格展示如下：

表 1

年级 内容 课时	初一	初二上学期	初二下学期	初三	高一上学期	高一下学期	高二	高三上学期	高三下学期
各年级均为每周 3 课时；1958 年 3 月起，初二、初三和高中各年级每周减为 2 课时	中国古代史	中国近代史	中国现代史	世界历史	世界近代史	世界现代史	中国古代史	中国近代史	中国现代史

［根据 1956 年教育部颁发的《中学历史教学大纲（草案）》编制］

表 2

课时＼内容＼年级	初二	初三上学期	初三下学期	高三
初二、初三年级均为每周 2 课时；高三年级每周 3 课时	中国古代史	中国近代史	中国现代史	世界历史

［根据 1963 年教育部颁发的《全日制中学历史教学大纲（草案）》编制］

表 3

课时＼内容＼年级	初二	初三上学期	初三下学期	高一
初二、初三年级均为每周 2 课时；高一年级上学期每周 2 课时，下学期每周 3 课时	中国古代史	中国近代史	中国现代史	世界历史

［根据 1978 年教育部颁发的《全日制十年制学校中学历史教学大纲》（试行草案）》编制］

表 4

课时＼内容＼年级	初一	初二	高一
初一年级为每周 3 课时；初二年级每周 2 课时，高一年级每周 3 课时	中国古代史	中国近现代史	世界历史

（根据 1981 年教育部制定的全日制六年制重点中学教学计划和五年制中学教学计划编制）

表 5

内容＼年级 课时	初一、初二上学期	初二下学期	高一
初一年级为每周 3 课时；初二年级每周 2 课时，高一年级每周 3 课时	中国历史（古代、近现代史）	世界历史	世界历史

（根据 1987 年 9 月施行的“过渡性”教学计划编制）

表 6

内容＼年级 课时	初一、初二上学期	初二下学期	高一	高二	高三
初一年级为每周 3 课时，初二年级每周 2 课时；高一年级每周 3 课时，高二年级每周 1 课时，高三年级每周 6 课时	中国历史（古代、近现代史）	世界历史	世界历史	中国近现代史	中国古代史（文科选修）

（高中阶段根据 1990 年国家教委《现行普通高中教学计划的调整意见》编制）

表 7

内容＼年级 课时	初一、初二	初三	高一	高二	高三
初一年级每周 2 课时；初二年级每周 3 课时（后改为 2 课时）；初三年级每周 2 课时；高一、高二每周 2 课时；高三每周 6 课时	中国历史	世界历史	世界近现代史	中国近现代史	中国古代史（文科选修）

（根据 1988 年《九年义务教育全日制初级中学历史教学大纲》和高中教学计划调整方案编制）

表 8

内容 \ 年级 课时	初一 初二	初三	高一	高二	高三
初中不变；高一年级每周 3 课时；高二年级每周 2 课时；高三年级每周 3 课时。同时在高一年级开设中国文化史任意选修课，高二年级开设世界文化史任意选修课	中国历史	世界历史	中国近现代史（必修）	世界近现代史（文科选修）	中国古代史（文科选修）

［高中阶段，根据 1996 年国家教委《全日制普通高级中学历史教学大纲（供实验用）》编制］

表 9

内容 \ 年级 课时	初一 初二	初三	高一	高二	高三
初中不变；高一年级每周 3 课时；高二年级每周 2 课时；高三年级每周 2.5 课时	中国历史	世界历史	中国近现代史	世界近现代史（文科选修）	中国古代史（文科选修）

（高中阶段，根据 2002 年《全日制普通高级中学历史教学大纲》编制）

通过这些表格，我们可以清晰地梳理出 50 多年来内地历史课设置的发展脉络，虽然这一时期各个阶段历史课的具体编排损益不同，但也基本适应了我国基础教育体系发展的需求，尤其是从 1992 年秋季起，内地开始实施九年义务教育历史课设置。但是，从基础教育整体发展的角度来看，仍有许多值得人们深入探讨的问题。

首先，在这段时期中，由于受到以教学为中心的教育体系的制约，历史课的建设始终是围绕教学，特别是围绕课堂展开的。根据教学计划编订教学大纲，再根据教学大纲编写教科书，教学即是教科书的教和学。这样一个模式的长期运作，使学校历史教育的平台越来越狭窄，许多老师包括大多数学生自觉或不自觉地认为历史教科书就是历史。因此，历史课的设置要为教学服务的认识逐步形成，并越来越为人们所接受。同时，在这一时期的教育实践中，历史课的设置、历史教学大纲的编订、历史教科书的编写，始终不能作为一个整体加以整合，这导致历史课建设在很大程度上存在着明显的缺陷，因而也就不能到位。

其次，在这 50 多年的历史课设置实践中，由于视野不够开阔，对历史课设置的研究和实践，始终是围绕着采用螺旋式还是直线式展开的。根据上述列表，我们可以勾勒出这两种模式的大致脉络。所谓螺旋式，即在初中、高中两个学段交叉、重复设置历史课内容。如表一所示，1956—1963 年历史课具体设置为：初一开设中国古代史、初二上学期开设中国近代史、初二下学期开设中国现代史、初三开设世界历史；高一上学期开设世界近代史、高一下学期开设世界现代史、高二开设中国古代史、高三上学期开设中国近代史、高三下学期开设中国现代史。这个方案可以看作在“厚今薄古”“侧重本国历史”思路的指导下，螺旋式设置历史课的一个较为标准的模式。在这 50 多年中，1956—1963 年、20 世纪 80 年代后期至新世纪初，历史课的设置都采用了这样的方案。所谓直线式，即在初中、高中两个学段历史课设置中，内容没有交叉、前后连接。如表二所示，1963—1966 年历史课具体设置为：初二开设中国古代史，初三上学期开设中国近代史、初三下学期开设中国现代史，高三开设世界历史。这样的一个历史课设置方案，则是直线式设置历史课的一个模式。在这 50 多年中，1963—1966 年、20 世纪 70 年代后期至 80 年代中期前后，历史课的设置都采用了这一方案。但是，在长期的实践中，这两种历史课设置方案各自的缺陷，不断显露，并为人们所关注。螺旋式历史课设置方案的初衷是通过在初中和高中两个学段，重复设置中国通史和世界通史，帮助学生在学习中扎实历史认知的基础。但是，其缺陷恰恰是重复，重复的历史内容设置，对教师和学生而言，带来一系列问题，同时螺旋式历史课的重复问题在实践中其实是很难克服的。例如，初中的中国近代史讲述了辛亥革命，高中中国近代史中辛亥革命的讲授要避免与初中的重复，说起来容易，操作起来却很难。直线式历史课是将初中和高中两个学段打通，初中开设中国通史，高中则顺序开设世界通史，这样就避免了螺旋式历史课的重复。但是，直线式历史课却带来了另一个问题，初中阶段学生没有学习世界历史。特别是对大量不能进入普通高中学习的学生而言，他们的世界历史认知存在明显的不足和缺陷，这对基础教育来说是个重大问题。非常遗憾的是，在一个相当长的时期里，人们的注意力，始终是在采用螺旋式还是直线式二者之间漂移，而没有能够开拓更宽的研究视野和新的视角。结果可想而知，螺旋式和直线式的历史课设置只能交替实施，而二者的问题却得不到完满的解决。

二、2001—2014 年年内地历史课程的变革

伴随内地基础教育进入 21 世纪的改革步伐，历

史课终于迎来了久违的变革机会，新一轮基础教育课程改革进入实验阶段。这一轮改革最大的亮点，是力求改变50多年来内地以教学为核心的基础教育体系，探索并建立带有中国特色的以课程为核心的基础教育体系。这一轮改革分两步走，2001年秋季，义务教育7—9年级历史课程开始实验。这一学段历史课程编订的主旨是采用主题式通史体例，以通史为线，突出主题，以降低课程的难度和减轻学生的负担。从表10可以看出义务教育历史新课程的这一思路。

表10

<table>
<tr><th>年级</th><th colspan="9">国家课程门类</th><th></th></tr>
<tr><td rowspan="2">七年级</td><td rowspan="2">政治思想2</td><td rowspan="2">综合实践3</td><td rowspan="2">语文4</td><td rowspan="2">数学4</td><td>社会3</td><td>科学4</td><td rowspan="2">外语4</td><td rowspan="2">体育与健康2</td><td rowspan="2">艺术2</td><td rowspan="6">地方与学校自主设置的课程和活动（各年级平均4课时/周）</td></tr>
<tr><td>地理2
历史2</td><td>生物3</td></tr>
<tr><td rowspan="2">八年级</td><td rowspan="2">政治思想2</td><td rowspan="2">综合实践3</td><td rowspan="2">语文4</td><td rowspan="2">数学4</td><td>社会3</td><td>科学4</td><td rowspan="2">外语4</td><td rowspan="2">体育与健康2</td><td rowspan="2">艺术2</td></tr>
<tr><td>地理1
历史2</td><td>生物2
物理2</td></tr>
<tr><td rowspan="2">九年级</td><td rowspan="2">政治思想2</td><td rowspan="2">综合实践3</td><td rowspan="2">语文4</td><td rowspan="2">数学4</td><td>社会3</td><td>科学4</td><td rowspan="2">外语4</td><td rowspan="2">体育与健康2</td><td rowspan="2">艺术2</td></tr>
<tr><td>历史2</td><td>物理2
化学3</td></tr>
</table>

（此表包括义务教育7—9年级的两套课程方案。实验过程中，各地具体实施方案会根据当地具体情况制定，与此表有所出入）

普通高中的课程改革2004年秋季开始进入实验

阶段。从表 11 中可以明显看出高中历史新课程的特点。

表 11

学习领域	科目	模块
语言文学	语文	语文（1—5）+ 系列（1—5）
	外语	外语（6—11）+ 系列 Ⅱ
数学	数学	数学（1—5）+ 系列（1—4）
人文与社会	思想政治	
	历史	必修（Ⅰ—Ⅲ）+6 个选修模块
	地理	必修（1—3）+7 个选修模块
科学	物理	必修（1—2）+ 系列（1—3）
	化学	必修（1—2）+6 个选修模块
	生物	必修（1—3）+3 个选修模块
技术	信息技术	信息技术基础 +5 个选修模块
	通用技术	技术与设计（1—2）+7 个选修模块
艺术	艺术或音乐、美术	4 个系列 6 个模块中任选 6 个模块
		音乐欣赏（2 学分）+5 个模块中选 1
		美术欣赏（1 学分）+4 个模块中选 2
体育与健康	体育与健康	6 个运动技能系列 + 健康 1
综合实践活动	研究性学习活动、社区服务、社会实践	

这套高中历史课程是由必修和选修两个部分组成的，必修分为历史Ⅰ、历史Ⅱ、历史Ⅲ，3 个学习模块，分别反映“人类社会政治领域发展进程中的重要内

容”“人类社会经济和社会生活领域发展进程中的重要内容”“人类社会思想文化和科学技术领域的发展进程及其重要内容”；每个模块又包括若干专题。选修分为历史上重大改革回眸、近代社会的民主思想与实践、20世纪的战争与和平、中外历史人物评说、探索历史的奥秘、世界文化遗产荟萃6个学习模块。必修课每个模块为36学时、2学分，共108学时、36学分；选修课每个模块为36学时、2学分。学生可以根据自身的兴趣，任选若干模块，建议在人文社会科学方向发展的学生，至少选修3个模块。这样一个历史课程编订方案的实施，在内地半个世纪的学校历史教育发展过程中尚属首次。无论是从规模，还是从力度、深度的角度看，都超过了新中国成立以后的历次历史课的改革。但是，新课程的实验，却遇到了前所未有的困难。

首先，义务教育7—9年级历史课程与高中历史课程存在一定程度的脱节，即主题式通史与专题史的渐进关系处理不够好、历史纵横发展的烘托和揭示明显不足。

其次，高中历史课程第一次尝试使用专题体例，在编订过程中，对内容体系结构的编排，内容呈现的难度、分量等的考虑和处理，很难做到适度，这样就会增加实施过程中的问题。

再次，由于课程编订第一次发生这么大的变化，熟悉并习惯了通史教学的历史教师普遍准备不足，在对新课程的认知、对新课程内容体例的了解不够深刻的前提下，在教学实践中感到不适应，出现了种种困惑、误解，从而生出了对新课程不同程度的疑虑、责难，甚至抵触。这反过来又加大了新课程实验的难度和获取实验数据的精准度。

最后，在这样的境况下，这场课程改革的决策者、部分课程编订者的决心也出现了不同程度的摇摆，到底是坚持通史和专题史相接合的课程编订，还是回到单一通史的课程编订路径上去，成为了当前历史课程改革的焦点问题之一。

综上所述，中国内地当前的历史课程改革，在前进和发展过程中，来自方方面面的问题交织在一起，纷乱且复杂。但是，如果采用简单的放弃、走回头路的办法，将使这场改革前功尽弃，即使保留了改革中始终为一些人所注重的上课形式、使用方法等所谓“改革成果”，但是从未来中国内地基础教育发展的角度来看，这些无关大局，中国基础教育历史课程的进步势必被延缓。

三、历史课程发展中的内地历史教学改革

任何课程编订和设置的落实，一定需要通过教学的形式来实现。在中国内地 60 余年基础教育历史课和历史课程的发展进程中，历史教学成为了人们关注的另一个领域。但是，由于受到历史课程设置的影响和制约，历史教学的变化不仅始终不尽如人意，而且“教教科书、学教科书、考教科书”的教学模式，愈演愈烈，以至于在课程改革实验过程中，从某种意义上看，教学成为了阻滞新课程实施的因素。不仅如此，“教教科书、学教科书、考教科书”的模式，给广大历史教师带来了沉重的负担，他们一方面要落实所谓教学改革的种种要求，如，一节历史课的讲述，不能超过 25 分钟；计算机、多媒体要与历史课整合；历史课上学生要充分活动；等等。另一方面还要承担升学率的压力，不得不关注考试分数，并绞尽脑汁为

考试分数这个“硬道理、硬目标”服务。教师、学生，学校、家长，教育行政部门、全社会，大家都从各自的角度，为获得一张纸制试卷的最高分数而竞争、奋斗。而这，对历史课程与教学的改革、进步，弊远远大于利。

在上述基础教育改革的现实情境中，历史教学的改革和发展面临着种种困难。归纳起来，有如下问题需要进行深入探索。

第一，关于历史教学基本要素之一的历史知识有必要重新认知。

导致历史教学现状的因素多且复杂。但是其中一个至今很少被人问津的因素，就是历史知识问题。长期以来，人们理所当然地认为，历史教学的一个重要任务就是使学生获得历史基础知识。然而，什么是历史知识，构成历史知识的要素是什么，怎样才能获得真正的历史认识，这样一些直接制约历史教与学的基础性问题，却无人探究。但无人关注不等于问题不存在，特别是这类的问题，时刻都在对历史教学产生着导向作用。

如果我们对历史知识问题做一全面梳理的话，至少有这样两个节点需要注意。

首先，什么是知识，什么是历史知识？通常一般的表述，将知识定义为，人类在改造客观世界过程中获得的认识和经验的总和。在这一定义里，知识具有明显的确定性、结论性。基础知识，就一定是这个体系中的核心部分，它应该具有更强的确定性和稳定性。但是，如果以这个认知定义历史知识和历史基础知识，却很难成立。究其原因，这又引申出另一个需要人们关注的问题，即历史的特点是什么。这又是一个仁者见仁、智者见智的问题。但是，归纳起来，我们大体上可以认为，“一度性”是历史的重要特点和特征，即历史只发生一次、历史不可复制。这样一来，长期被人们普遍认识并长期使用、几乎没有异议的两个有连带关系的概念，历史知识和历史基础知识，变成了充满不确定性、作为历史学概念和历史教学概念能否成立的两个概念。如果对其做进一步探究的话，一个从来就摆在所有人面前的基础性问题不能不引起我们的关注，即历史学认识的对象与几乎所有科学的认识对象之间存在一个明显而重大的差别：科学研究的对象既可以直面，又可以通过实验被复制；这两点，历史学研究的对象历史则都不能。由此，在历史认识过程中，我们有必要重新认识和定义历史知识和历史基础知识。

笔者认为，历史知识应该是史料中蕴含的历史痕迹，即历史的真实。历史基础知识则是这些历史真实中最重要、核心的内容。

其次，中学历史课中的历史基础知识是什么？在此，我们可以做一简明回顾。1962 年的上半年，《历史教学》杂志，曾经针对这问题专门组织过一次讨论。经过了一年多的研讨，该杂志在 1963 年第 12 期上，发表了一篇署名石工、以《加强中学历史课基础知识教学的几个问题》为题的总结性文章。文中对历史基础知识提出了一个明确的表述："教学大纲和教科书里所规定的必须讲授的历史知识，就是历史课的基础知识"，其包含具体史实、历史概念、历史规律，三者有一种递进、深入的联系。以后，这个认识就成为了中国内地历史课和历史教学对历史基础知识的权威性定义。这个定义对内地"教教科书、学教科书、考教科书"的历史教学模式的形成，产生了直接的、决定性的影响，而这个教学模式的形成，再加上各种其他复杂因素的作用，使本应该是内容丰富的、形式活泼的、认识生动的历史教学，日益变得内容单一、形式僵化、认识枯燥。这样的历史课与学生的距离越拉越远，历史教学在学生心目中的地位不断下降，不少学生喜欢历史，却不喜欢历史课。历史课程和教学的功能及作用在实践中也就越来越得不到应有的发挥。

第二，“历史情境教学”及相关教学运作方式的辨析。

在历史新课程实施过程中，有人提出了“历史情境教学”的教学方式概念。其基本要义，是在教学中根据教科书内容设定的历史情境展开教和学。“历史情境教学”操作的基本流程，是在教学中根据选择的历史“材料”，具体解释、说明既定历史情境中的各种问题。但是，在实践中，这样的教学方式，仍然不能改变历史教学当前所面临的窘境。因此，有必要对“历史情境教学”做一简要剖析。首先，情境是什么？关于情境的一般定义是：现实某一场合的情景、境地。从教学的角度认识，情境即教学对象的情景、境地。其次，情境教学这样一种方式，在理科课程、人文社会科课程的教学中，被许多教师经常使用。但是，由于历史“一度性”特点，在历史教学中，学生学习、认识对象的情境不能再发生，亦不能复现。因此，从科学的角度看，在任何情况下，都不可能出现一个符合科学意义的历史情境。其实，人们通常使用的“历史情境”，是一个根据历史遗留下来的痕迹建构的“情境”，它与科学的“情境”有联系，但毕竟不是一回事。由此，在其他课程实施中所使用的情境教学方式，几乎是不能简单迁移到历史课程实施中来的。这样一来，在历史教学中就不能出现历史情境教学，而是建构历史情境的教学。建构历史情境是一个完整历史认知过程的核心环节，它以获取并积累一定量的历史痕迹作为前提和条件，同时又是展开和实现历史认知的基础，历史认知正是在历史情境的建构过程中形成的。

如果以此作为基点，拓展我们视野和思维，认真梳理一番内地历史教学的话，有许多曾经出现过和正在发生着的类似现象，需要我们加以关注，并展开思考和研究。例如，在内地本轮课程改革前，在历史课中曾经出现过“历史情感教学”，即教学过程中教师必须突出情感。为了在课堂上能够使人感受到突出了情感，许多教师就在教学过程中，重视自己讲述语调的高低顿挫，突出教态中表情、动作的夸张。这样的教学，给人以明显的做作之感，实际效果并不理想。究其原因，历史教学过程是一个师生共同感悟历史的过程，并不是一个表演过程。因此，对历史深刻、合理的认知是历史的感悟基础，而其中对历史人情感的尊重和感受、与历史人心灵的沟通，正是深刻、合理历史认知的内核。这就是说，任何历史认知的形成都离不开历史情感，同时任何历史认知本身都包含历史情感。因此，历史教学从始至终不能缺失情感，那“历史情感教学”又从何而来，何以存在？

再如，内地本轮新课程实验中，“史料教学”增多。即教师在教学中，为了使学生认识某个教科书内容或教师需要学生对某个内容认识时，提供几段史料或材料，并针对这些材料提出几个问题，让学生通过回答这些问题，完成对内容的理解和认识。但是，通过这样的史料教学，学生对史料是什么、史料的作用等，没有形成有意义的认识，特别是在这样的“史料教学”中，学生的历史学习状况没有明显的改变。究其原因，由于历史的“一度性”决定了认识历史只能依靠史料。也就是说一切历史认识都离不开史料，如此，有没有没有史料的教学？ 如果没有，史料教学从何而来？关于这个问题，我们可以从中国历史学拓展眼界。在中国史学体系中，史料学是其重要分支之一，近代中国史学发展过程中，也确有人认为“史料学就是历史学”。然而，这一认识的缺失和弊端，恰恰是在史学发展和进步的过程中，不断被人认识并修正的，史料学不等于历史学，是由于史料不等于历史。因此，在历史学习中，学生对任何历史内容的认识，如果离开了史料，获得的只能是别人的结论，而这正是长期以来内地历史教学不能实现真正进步的症结所在。

综上所述，历史教学只能是历史教学，不能是“历史情境教学”“历史情感教学”“史料教学”……因为历史教学是一个完整的系统，它的运行和目标的实现，离不开历史情境的建构、历史情感生成、史料的运用。

在内地基础教育历史课程的改革中，历史教学的改革是一个重要环节。但是，其面临许多交织在一起的复杂问题，需要从理论和实践两个方面进行梳理和辨析，在这一过程中，还有一个问题需要关注和处置，即在借鉴他人经验时，不能简单采取“拿来主义”，特别是不能照搬他人教学中的一些具体做法。教学是一种创造，教师是这一创造活动的主导者，如果奉行“拿来主义”，缺失的恰恰是创造。如果教师的教学没有了创造性，学生创造意识、创造习惯的养成，无论如何是不能实现的，在基础教育过程中学生的创造意识和创造习惯不能很好地养成，未来他们的创造能力又将从何处来？

四、新一轮历史课程与教学改革面临问题的思考

当前，中国内地的基础教育历史课程改革实验，在各个环节都遇到了不少的问题。如何合理地认识和解决这些问题，是一个艰难而复杂的过程，需要我们静下心来，做一番艰苦的研究。如果，把当前面临的各种问题做一梳理和归纳，至少有以下三点不能回避。

（一）历史教育理念的更新与重建

长期以来，在内地的历史课和教学发展过程中，历史教育理念缺乏活力，现代意味明显不足，在重理轻文的教育大环境中，始终没有形成合理、独立的历

史教育认知，其重要的标志是对历史教育功能认知的缺失，主要表现在三个方面。一是对理念的阐释失之于空泛。“让历史充满智慧，让历史充满人性，让历史成为现代人走向未来的坐标”“让学生亲近历史，让学生亲近社会，开放学生的视野”等表述，被人们传来传去。其实对历史能够启迪人类的智慧等认识，至少自古存在，并随社会发展而发展，到了近代，已被不少中外学者诠释得清清楚楚，这已不是今人的认识，特别不是内地新课程实施过程中人们才形成的新认识。因此，历史课程的理念不应当再简单重复前人的这些见识，而应该在历史新课程背景下，具体、深入地阐释这些认知，并赋予其现代意义。二是对教育功能的阐释失之于片面。新课程的研究中，许多人认为“以学生为本”“以学生发展为本”是教育功能认识的新发展。其实，这样的认识仍然是教育功能认知薄弱的标志。近代以来，在西方教育观念的认知中，以人为本的教育观、以社会为本的教育观和以文化为本的教育观，都已形成，并随着教育的发展而发展。近代各种教育观念留给我们的遗产，最有意义的，就是这些对教育功能的各种认识，归纳起来，一是给我们提供了不同认识视角；二是各种认识并存，恰恰提示我们，教育功能是多元的；三是上述三种教育观阐释的正是教育的三大功能——促进人的发展、推动社会进步、承传优秀文化。三者缺一不可，相互依存，相互促动。历史教育功能作为教育功能体系中重要的组成部分，它的指向性是精神的而不是物质的；历史素养是现代人必备、不可缺失的基础。历史教育功能的具体内容至少应该包括：学习对做人、对生活有用的历史知识；历史学习要为学生的终身发展奠定基础；满足历史学习的不同需要；初步接触、了解历史问题研究的基本过程与方法。

（二）现代历史课程与教学理论的建构

长期以来，内地历史学科教育的理论建设，大致经历了一个从历史教学法到历史教育学，再由历史教育学分支出来历史课程论、历史教学论、历史教材论、历史教育心理学等领域的发展过程。在其发展中一个基础层面的缺失，逐渐暴露，即上述这些理论的成果大都是这样一个模式的不断复现：关于一般教育理论、一般课程理论、一般教学理论等的论述，与历史教育、历史课程、历史教学等案例相加。因此，在历史新课程不断深化的过程中，面对重重需要处理和解决的问题时，解决理论薄弱和缺失的问题，就成为了重中之重。如上所述，在历史新课程实践和发展中，需要从历史学和教育学高度统一的角度，建构全新的现代历史教育学及其分支学科的结构、体系，以形成带有东方和中国特色的历史教育学。

（三）现代历史教师的培养和锻造

随着历史新课程实践的全面展开，并逐渐走向深入，历史新课程的一个重要设计思路，就是通过新课程实现教学方式的转变，即学生通过历史学习，养成自主学习习惯、提升自主学习能力，这是历史课程标准从正面释放出来的重要信息之一。新课程教研中，许多教师都将学生的历史自主学习作为科研课题。然而不少教师在认识上有一个误区，即学生能否实现自主学习是与教师的自主状况直接相联的。长期以来，在内地历史教学的运作模式下，许多教学一线的教师习惯依赖外力提升自身的素养和水平。例如，面对普通高中历史新课程内容标准从通史变为专题史，许多教师就寄希望于通过听专家讲座，实现自身的历史认知结构的更新和调整；再如，在课堂上，应如何选择、组合教学手段和方法、如何选用教学方式，许多教师希望通过观摩别人的教学、从他人那里学到具体做法；等等。这样的状况，标志着历史新课程下，许多教师的自主性缺失，而历史新课程要求学生通过历史学习，养成自主学习习惯、提升自主学习能力。历史教师的教学如果缺失自主性，学生学习的自主性如何养成？所以，历史新课程实施中，历史教师要围绕自身教学自主意识和习惯的养成、教学自主能力的提升，不断调整、提升自身的认知和实践能力。具体包括：自觉提升自主更新教育观念的意识和能力；自主调整和更新专业结构的意识和能力；不断自主提升和增强教育、教学功力的意识和能力。

（原载《天人古今：华人社会历史教育的使命与挑战》，澳门理工学院 2014 年出版。略有增删）

60 年来中国历史教师教育的演变及其特点

当代中国的历史教师教育体制是从中华人民共和国成立以后，逐步形成和不断完善起来的，其发展演变过程虽然曲折复杂，但是其为中国基础教育历史课程与教学的进步，奠定了坚实的基础。本文拟对 60 多年来中国历史教师教育体制的演变做一简要梳理和描述，并对其特点试做一探析，以为参考和借鉴。

一、中国历史教师教育体制形成的背景与基础

中华人民共和国成立之初，百废待兴。各地基础教育的发展处于明显不平衡状态，就整体而言，其水平又相对落后。要尽快改变这种状况，需要解决的问

题有许多，其中师资问题处于重要地位。根据整个国民经济和社会发展需要，中国政府制定并开始建立具有国家发展特色的、独立定向的师范教育制度和体系。经过了50多年的努力，中国建成了世界上规模最大的独立定向的教师教育体系。这样一个体制健全、规模庞大的教师教育体系，培养了一大批符合国家基础教育发展要求的教师，这是新中国基础教育发展的根本保障。

（一）独立的师范院校教育体系的建立

中华人民共和国的师范院校教育体制是由中等师范学校体系和高等师范院校体系构成的。

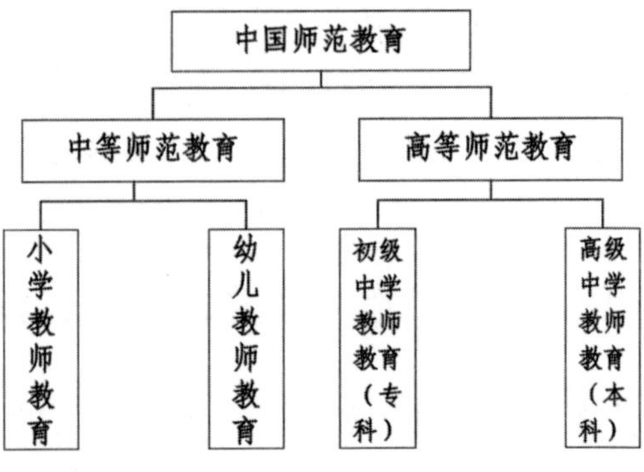

在1951年召开的全国初等教育和师范教育会议

上，制定并颁布了《师范学校暂行规程（草案）》和一系列相关文件，对师范学校办学的有关问题做出了规定。例如，其任务是培养初等教育和幼儿教育的师资；学制为 3 年；办学体制为公办；等等。这次会议的召开及一系列文件的颁布，标志着中华人民共和国的中等师范教育体制的建立。其后，这一体制在探索中不断发展。然而，到 1966 年至 1977 年间，由于国家整体建设，在探索中遇到重大挫折，中等师范学校教育的发展受其影响，处于停滞的状态。1978 年，在教育部发布的《关于加强和发展师范教育的意见》中，明确要求各地一定要办好中等师范教育。其后，在一系列会议和文件中，对办好中等师范教育提出了各项要求，做出了相应的具体规定，使中等师范教育进入了一个新的发展时期。到 1997 年，中华人民共和国的中等师范学校数量达 890 所左右，在校学生约 910 900 名。

中华人民共和国的高等师范教育体系亦是在新中国成立之初形成的。1951 年，在第一次全国师范教育会议上，确定了建立独立的高等师范院校的原则，具体规定了建立并行的本科和专科两类院校。其任务是，

“师范学院培养高级中学及同等程度的中等学校师资，师范专科学校培养初级中学及同等程度的中等学校的师资”；其中“师范学院修业年限为四年，师范专科学校修业年限为两年”；高等师范院校的办学体制为公办。1952年，在全国高等教育院系调整过程中，师范院校的独立性得到巩固和加强，并有了很大发展。但是，其间也出现了问题，特别是围绕师范性和学术性的争论，持续了相当长的时间，这一方面反映出了高等师范教育发展中存在的问题；另一方面这一问题的出现和争论的长期存在，也使人们对这个问题的认识不断深入，从而推进了高等师范教育的不断深化。1966年至1977年，与整个教育面临的处境一样，中华人民共和国的高等师范教育也面临重大曲折，处于停滞状态。1977年以后，随着国家整体形势的好转，高等师范教育也进入了一个发展、变化的时期。到1999年，中华人民共和国高等师范院校达到220所左右，在校学生约845 300人。

进入21世纪以后，中华人民共和国的高等师范教育的发展进入一个相对活跃的阶段，出现了一系列引人关注的变革。

首先，长期以来形成的独立定向的高等师范教育体制发生了变化，出现了松动。一方面，高等师范院校的专业设置不断拓展，一是师范专业本身不断延伸，二是非师范专业的设置不断增加；另一方面，综合性大学、其他类别的大学也在国家实行教师资格认证制度的前提下，开始通过各种途径和形式逐步涉足教师教育，如有条件的各种高等院校开办教育学院，各种非师范院校的毕业生可以到有教师教育专业的院校接受相关培养，以取得教师资格认证，等等。

其次，为了在开放的师范教育体制下，探索更好的提升教师教育专业化水平的路径和模式，在国家指定的几所重点高等师范院校展开公费师范生培养模式试点。

再次，教师教育的路径不断拓宽，培养模式不断多样化。为了适应基础教育发展对教师素质的要求，进入新世纪后，国家专门设置了教育硕士专业，以提升在职教师的素质和水平。目前的教育硕士大致可分为全日两年制和不脱产两到四年制两种。同时，一些高师院校还试行本硕连读的“4+2 模式”“3+2 模式”等多种教师培养的模式，以拓宽教师教育平台。

（二）独立的在职教师教育体系的形成

除上述职前教师教育体制外，中华人民共和国的教师教育还包括一个相对独立的在职教师教育体系。到 1997 年，我国教育学院达到 220 所左右，在校学生约 228 300 名；教师进修学校达到 2100 所左右，在校学生约 443 500 名。

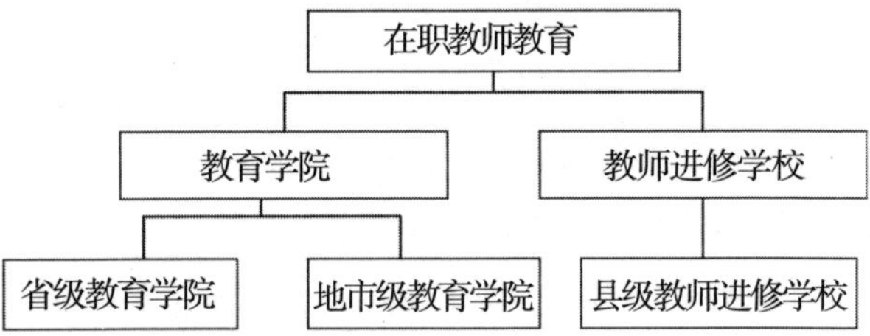

1. 在职教师的学历教育。

中华人民共和国的教育学院不同于一些国家设在综合大学或其他类型大学内的教育学院，这一点从办学目标上就可以一目了然，省、地市教育学院主要是对初级中学和高级中学在职教师进行的学历教育和培训。中华人民共和国成立以后，由于各种复杂因素所致，长期以来，有相当部分的中学教师没有完成国家规定的学历教育，因而缺失相应的学历。对这部分教师的学历教育，就由省级教育学院主要负责实施。随着教育的发展，到 20 世纪 90 年代末，这种在职教师的学历教育基本完成，由此，这些教育学院的主要任务逐步转到教师的继续教育方向上来。

2. 在职教师的继续教育。

为了保证在职教师的专业功力和教育、教学水平的不断提升，从 20 世纪 80 年代开始，全国一些地区相继开始了教师的继续教育。进入 20 世纪 90 年代，教师继续教育在全国展开。目前，各地的教师继续教育一般以 5 年为一个周期，通过以有组织的脱产培训、半脱产培训、在岗培训为主，自学为辅的形式，修完规定的课业，取得学分后结业，从而完成一轮继续教育的学习。

二、中国历史教师教育发展的特点

60 年多来，中华人民共和国历史教师教育的发展，是这一时期整个国家教师教育发展的一个重要组成部分，其具有明显的两重性。一方面是其具有整个教师教育的普遍性；另一方面是其具有历史教师教育的特殊性。这两方面交织在一起，就构成了历史教师教育发展的特点。

（一）历史教师教育观念的转变——“师范性”与“学术性”兼容

60 多年来，中华人民共和国历史教师教育在所走过的路程里，始终受到一个问题的困扰，即“师范性”与“学术性”之争。实际上，这个争论，是在相当长的一个时期内，对如何才能培养出更好的历史教师的不同见解之争。坚持师范性的学者认为，从事基础教育的历史教师，不同于历史学家，其工作的性质不是历史研究，而是将史家研究的成果，转化为教育内容，通过它对学生施以历史教育，因此，只有通过独立的、经过专门设计的教育，才能更好地培养出合格的历史教师。而坚持学术性的学者则认为，没有深厚的历史专业功力，是不能成为一名合格的历史教师的，而对教学的认识、教学方法的运用，是可以在教学工作中不断积累、逐渐形成的。其间，1960 年，召开了全国性的师范教育改革会议。会上，提出高等师范院校应

“相当于综合大学水平”，并认为一个中等学校的教师不仅应能够胜任教学工作，还应能够做些科研工作。但是，在 1961 年召开的全国师范教育会议上，提出教师是培养人的人，因此对高等师范院校毕业生要在思想品德方面要求更高；文化科学基础知识更宽、更厚、更博；还应掌握专门的教育理论知识和技能技巧。在这样的背景下，对高等师范院校历史专业学生的培养是注重师范性，还是注重学术性，始终没有形成统一的认识。

20 世纪 90 年代后期至新世纪初，在中国教师教育不断发生变革的基础上，人们对历史教师教育中的师范性和学术性之争的认识也不断发生变化。其认识的核心为，师范性和学术性是构成历史教师教育的两个必不可少的侧面，正是由于二者有机的结合，才使历史教师教育能够成为一个完整的复合体。在历史教师教育中师范性与学术性相互依存，一方被削弱，另一方亦不能得到加强，因此人们不能只看到两者之间的矛盾，并人为扩大这一矛盾，而应当在教育实施过程中，通过有效的调整和组织，使二者达到高度统一、形成科学组合，只有这样才能形成有效的历史教师教育，培养出素养全面、扎实的历史教师。

（二）历史教师教育体制的变革——由封闭型到开放型

中华人民共和国成立以后，历史教师教育体制的封闭性至少可以从两个方面表现出来。如前所述，一是设置了独立定向的高等师范院校历史教育专业。在相当长的时间里，中国高等师范院校历史教育专业从培养目标、课程设置到教学实施模式，在很大程度上，由行政领导，接受统一体制的约束；二是推行了半行政化的在职历史教师培训和进修制度，在各级、各地教育学院的半行政化领导下，历史教师的培训和进修，从任务的确定、内容的选择，到培训、进修过程的落实，都是在统一规划和组织下实施的。

近十几年来，中国许多学者不断对这种带有明显封闭性的历史教师教育体制进行探讨和认识，但是由于角度不同，理论不同，形成了不同看法。对这样一种带有明显封闭性的体制到底应当如何从积极方面加以评价呢？

首先，从中华人民共和国成立之后近 60 年的发展来看，历史教师教育体制既不单纯是一个理论建构，也不是一个空泛的设计方案，它是一个在相当长的时期内、在实践中具体实施了的制度。如果从这一角度辨析的话，我们可以发现，在其实施的时期里，它与国家的基本体制相适应，这样就可以在更大程度上充分发挥国家办学的优势，最大限度利用各种国家资源实现专业发展。

其次，在国家整体发展落后、教师教育不健全的状况下，通过以封闭定向为特征的组织化方式，最大限度地实现了教师教育的目标，在中国这样一个地域广阔、人口众多、教育发展极不平衡的国度里，实现并保证了基础教育历史教师培养的标准统一。

再次，这样一种封闭体制有利于教育实践的运行。在中国中等学校数量多、历史教师团队庞大的现实面前，封闭定向的行政组织化体制有着明显的优点，即可以充分保证历史教师全员接受这一教育。

从 20 世纪 90 年代以来，由于中国教育不断加快发展步伐，教师教育的体制也在发生着变化，其基本趋势是从单一的封闭定向型体制向多元开放型体制转变。其可以从几个方面反映出来。一是拓展现有高等师范院校的办学平台，以高等师范院校综合化为依托，大幅度提升教师教育专业化的水平。作为高等师范院校传统的历史教育专业回归历史学专业，在此基础上建构历史教师教育专业。二是综合大学及各种相关大学创办历史教师教育专业，以形成多元的历史教师教育平台。三是在职历史教师继续教育的组织化和自主化并行，以使历史教师在培训和进修过程中，实现由被动接受到主动接受、由个体封闭到团队合作、由记忆思维模式到感悟认知模式的转变。

（三）历史教师教育内容的更新——从单一化到多样化

教师教育专业化能否实现，其水平如何，这些问题与教育内容有着直接的关联。在中华人民共和国历史教师教育的变革过程中，直接体现教育内容的课程编订是人们关注的另一个要点。

20 世纪 50 年代以来，中华人民共和国高等师范院校历史教育专业课程设置，大致可分为三大块：第一块是历史专业课程——两门四年中分为“八大块”的通史课程；第二块是包括教育学、心理学在内的公共课程；第三块是历史教学法和教育见习与教育实习课程。20 世纪 80 年代，这种单一课程编订与设置，发生了改变，一些高等师范院校历史教育专业的课程开始拓宽。两门“八大块”构成的通史课开设，由四年改为两年，后两年则开设由逐渐形成系列的专门史、国别史构成的选修课，从而形成了一个由通史、断代史、专门史、国别史构成的相对完备的课程体系。进入 90 年代直至今天，中国高等师范院校历史学专业课程改革在不间断地进行着，取得了明显的进展，高等师范院校历史教育专业课程不断深化和专业化。

进入新世纪以后，在高等师范院校本科历史教师教育的基础上，增加了（历史）教育硕士专业学位教育。

从 20 世纪 90 年代起，为了适应基础教育的迅速发展，中国开始规划并实施了在职历史教师的继续教育。经过了近 20 年的运作，中国的历史教师教育已实现了规范的常态化。下面所列是某市在职历史教师“九五”继续教育课程设置方案中的主要课程：

教师职业道德、教育政策法规、历史教学论与教学实践研究、中学历史学习方法指导、历史研究方法、历史研究动态与新成果、考古新发现、史迹考察、北京史、北京民俗专题、中国古都、中国民族与民族关系、中国社会生活史、中国历代社会改革、中国文物与历史、近代中国民族经济、近代历史人物分析、中华人民共和国史、当代台湾、中葡关系和澳门问题、战后国际关系史专题、战后资本主义的发展变化、战后社会主义的曲折发展、战后国际局部冲突、中国与周边国家关系、儒学与中国社会、佛教文化研究、当代伊斯兰教、基督教与西方文化、中学历史教材难点研究、历史教学研究、历史教材讲授方法、历史课教学设计、优秀历史教师教育思想教学艺术评价、历史课外活动组织与指导、历史课现代教育技术、计算机辅助历史教学、计算机基础、现代科技新成果介绍、中国文学史。

从上述课程可以看出，该市在职历史教师继续教育课程设置注重开拓教师的历史视野，注重教师历史知识结构的更新，注重通过历史学前沿和成果介绍，提升教师的历史思维，通过一系列历史教学实践课程，提升教师的历史教学技能技巧。

当前，为了不断提升在职历史教师继续教育的水平和规格，由教育部和财政部根据《国家中长期教育改革和发展规划纲要》制订了中小学教师国家级培训计划，并从 2010 年起在全国范围内实施。下表是 2010 年高中历史骨干教师研修方案：

时间	专题及课程	研修形式
第一天	《国家中长期教育改革和发展规划纲要》解读	专题讲座
	现代教师的基本素养	专题讲座
第二天	从基础教育现状看教育功能的缺失	专题讲座
	影像美国课堂：中美基础教育课堂教学异同比较	专题讲座
第三天	高中历史课程内容体系、结构及其特点的探索（1）	专题讲座
	高中历史课程内容体系、结构及其特点的探索（2）	专题讲座

续表

时间	专题及课程	研修形式
第四天	活动课程与活动课、研究性学习与探究式学习方式辨析	专题讲座
	怎样科学制定教学目标：从历史课程目标到历史课堂教学目标	专题讲座
第五天	高中历史课程内容的拓展：历史课程资源的开发和运用	专题讲座
	高中历史课堂如何实现学生自主思维	专题讲座
第六天	多媒体与传统教学手段的关系及其合理运用	专题讲座
	如何提高历史课堂教学的有效性	专题讲座
第七天	高中历史校本课程的有效开发与实施	专题讲座
	高中历史学习评价体系的建构	专题讲座
第八天	历史教师教学风格和特色的形成	专题讲座
	实现历史教师自主教研的意义与路径	专题讲座
第九天	高中历史教学案例视频展示	集中观摩
	分析与研讨	分组讨论
第十天	高中历史教学案例视频展示	集中观摩
	分析与研讨	分组讨论
第十一天	高中历史教学实践观摩与交流（北京四中）	课堂观摩、座谈
	高中历史教学实践观摩与交流（北师大实验中学）	课堂观摩、座谈

续表

时间	专题及课程	研修形式
第十二天	高中历史教学实践观摩与交流（人大附中）	课堂观摩、座谈
	高中历史教学实践观摩与交流（北师大二附中）	课堂观摩、座谈、
第十三天	高中历史校本教研方案设计	个人编制方案
	高中历史校本教研方案设计	个人编制方案
第十四天	高中历史校本教研方案交流	集中讨论
	高中历史校本教研方案交流	集中讨论
第十五天	如何指导青年教师提升素养	专题座谈
	研修中未解决问题探讨	专题座谈

从具体培训内容可以看出，该培训旨在提高在职优秀骨干教师的专业水平和教育教学能力，更新教育观念、优化教学行为，增强教学改革的主动性、科学性和创新性，提升实施新课程的能力，充分发挥他们在深化课程改革、推进素质教育中的骨干带头作用；提高优秀骨干教师对青年教师的指导能力，鼓励教师积极探索、开展有效教师培训，大力推进以校为本的教学研究，增进教师的相互学习、研究和交流，促使他们在教师培训中更好地发挥示范引领作用；组织开发以教学实际问题为核心、以典型的实践案例为载体

的培训课程，形成一批骨干教师研修的优质课程和案例资源，为教师教育专业发展提供有力支持。

三、结语

中华人民共和国历史教师教育经过了60多年的风雨行进，有了巨大的进步，但是要实现高水平、高规格的专业化，还有一大段路程需要走。在未来的历史教师教育专业化发展中，应该注意处理好以下三个问题。

第一，在加强理论研究的基础上，建构适合于中国的历史教师教育理论体系。以此作为历史教师教育在未来实现更大发展的基石。

第二，在建设中国历史教师教育体系过程中要处理好诸多关系。如，组织化与自主化的关系，封闭定向与开放拓展的关系，课程学习与实践研究的关系，单一化与多样化的关系，继承与发展的关系，等等。

第三，在历史教师教育专业化的发展进程中，要处理好立足于本国与学习、借鉴国外经验的关系。在各国的历史教师教育专业发展过程中，如何实现相互学习、借鉴，是摆在各国历史教师教育发展面前的重要课题。教育具有同一性，但是这种同一性的存在是以教育特殊性的存在为前提条件的。各国历史教师教育的发展，是根植于各国历史教育之中的。而世界上的各个民族、各个国家与地区，在漫长的岁月中，走过了不同的发展道路，留下了风格各异的历史印迹，并形成了不同的价值观、世界观和各具特色的生活方式与习惯。这些都对自己国家历史教师教育的形成与发展产生了巨大的制约和影响，这就为人们的相互交流与借鉴开拓了平台空间，但是不能简单采取“拿来主义”，这是当代各国教育发展进程中尤为需要关注的。

[未刊稿　中韩历史教育现况与展望学术会议论文(2012 年韩国国立首尔大学校)]

关于当前历史课程改革的几点思考

历史课程改革是学校历史教育改革的关键环节，也是当前人们谈论的热门话题之一。但是，历史课程改革的涉及面非常广，又很复杂，要使其能够沿着符合教育规律的道路顺利进行下去，却不是一件容易的事。特别是在当前历史课程改革的实践中，有些问题亟需澄清和解决，否则，将会使历史课程的改革事倍功半。

首先，是树立历史课程改革的整体观问题。历史课程的改革应该在科学、明确的课程整体观指导下进行，而不能简单地就历史课程论历史课程。这一课程整体观是历史课程改革理论的基础。历史课程改革的整体观至少应包括两个层次的内容：第一个层次，历史课程是基础教育课程体系的重要环节和组成部分，它的改革必须与其他课程的改革融为一体、同步进行。因此，诸如历史课程在课程体系中的地位、作用，历史课程与其他学科课程的关系，历史课程在课程方案中的比重、课时分配等问题，都是历史课程改革必须优先考虑和解决的问题。第二个层次，历史课程是整个学校历史教育的重要组成部分，它与历史教育的其他环节有着相互影响、不可分割的联系。因而，历史课程的改革必须和其他环节的改革相互配合、统一进行，而不能脱离其他环节的改革独自进行。因此，诸如历史教学目标改革与历史课程改革的关系，历史教学组织形式改革与历史课程改革的关系，历史教学测量与评价的改革与历史课程改革的关系等问题，亦都是历史课程改革所回避不了的问题。如果历史课程的改革与上述各教学环节的改革脱节，其结果只能是流于形式。

其次，是关于历史课程的类型选择问题。在当前的历史课程改革中，课程类型的选择与运用是人们关注的一个焦点。在这个问题上，人们的分歧明显，有的学者认为学科课程好，有的学者则认为综合（社会）课程好，莫衷一是。笔者认为出现这样的情况非常复杂，但至少有这样两个原因应引起我们在探究这个问题时注意。其一，当前在评价历史课程的类型时，过于注重对不同课程类型进行优劣的比较，而忽略了对其中一个关键性问题的认识，即课程类型不能够独立存在，它一定是某种课程理论的产物，是为一定的教育观、教育思想服务的。因此，在比较、评价不同的课程类型时，应首先比较、评价其所反映和代表的不同的教育观和教育思想。这是具体比较不同课程类型的重要前提和条件。例如，我们要比较、评价“学科课程”和“活动课程”两种课程类型，必须首先要比较、评价“传统教育”理论和“进步教育”理论，否则，简单地把这两种课程类型直接拿来比较“好坏”，极有可能产生严重的混乱。其二，在选择历史课程的类型时，带有很大理想化的成分。或者强调这种类型好，那种类型不好；或者强调那种类型好，这种类型不好。其实，到目前为止，在世界各国的基础教育中，还没有出现一种十全十美的课程类型。当前的课程类型各有其长处，也各有其局限，例如，独立开设的历史课程和综合（社会）课程就是如此。因此，简单地对课程类型作优劣比较，没有太大的意义，而拿这种比较的结果作为选择历史课程的类型的主要依据，甚至是“唯一”的依据，更是有害的。

坦率地说，在当前的历史课程改革中出现这样的状况，只能说明我们的历史课程改革还处于水平较低的起步阶段，因此对这方面的研究必须加强，而决策则必须慎重。

再次，是关于历史课程内容问题。历史课程内容的改革是历史课程改革的重要组成部分之一，自然也就成为了历史课程改革中人们关注的又一个焦点。在当前的历史课程内容的改革中，一提到课程内容，人们马上就会想到教科书，认为历史教科书即历史课程内容。其实，这样的认识是带有明显的片面性的。全面意义上的历史课程内容一般是由两大部分组成的：一是课程制定，主要包括教学内容的选择、教学内容的结构、教学内容的安排顺序等；二是教材编订，主要包括编写以历史教科书为核心的一系列教学用书。在实践中，历史课程制定的结果的主要表现形式之一，就是“历史课程标准”。换句话说，在历史教学中，教学内容的选择、教学内容的结构和教学内容的安排顺序等等，是通过历史课程标准确定的，而不是由历史教科书的编写决定的，历史教科书不过是历史课程标准的具体落实。因此，在当前的历史课程改革中，在加强对制定历史课程标准的科研工作，加大对历史课程标准的改革力度的基础上，制定出真正能够体现科学教育理念、高水平的历史课程标准，才是当务之急，只有做到了这一点，才符合历史课程改革目标的要求，才能保证历史课程的改革沿着正确的方向发展。

谈到历史课程内容的改革，一定就会涉及历史教科书问题。历史教科书的改革是历史课程内容改革的一个重要环节，但是历史教科书的改革不能独立进行，它既要受到历史课程标准的制约，又与教材系列中的其他教学用书的改革密切相连，融为一个整体。然而，由于长期以来以“应试”为主要目的的片面教育的影响，历史教科书在历史教学中的地位和作用都被不恰当地拔高了，成为了历史教学的唯一依据。而这种状况至今还没有多大改变，这不仅直接地影响到历史教科书特别是历史教材的改革，如果从更深层次来看，其恰恰是对历史课程内容的改革产生了很深的负面影响。这一点必须引起我们的注意。

在当前的历史课程内容的改革中，还有一个应引起我们特别重视的问题，即历史知识有着不同于其他学科知识的明显特点。因此，历史课程内容的改革除了带有一般性之外，还应该带有一些自己的特殊性，这需要我们用科学的态度、科学的理论和科学的方法去加以说明。

综上所述，历史课程的改革，不仅仅是对某几种课程类型进行好坏比较，并加以挑选；也不仅仅是历史教科书的“改革”。它是一项涉及学校历史教育许多领域的复杂“工程”，需要我们以科学的精神去进行深入的探索和研究。

（原载《中学历史教学参考》2001 年第 8 期）

漫谈历史课程改革答友人问

——关于历史教育理念的更新和重建

时间：2016 年 4 月。

地点：北京师范大学主楼 B611B 室。

友人甲：你好，很忙吧。很长时间了，我们很希望与你坐一坐，就当前基础教育历史课程与教学中的问题，与你做一些交流。

答：欢迎你们。是有一段时间没有见面了，也很想和你们聊一聊。聊什么话题，我们就主随客便吧。

友人甲：我国的基础教育历史课程改革从进入实验开始至今，已近 20 个年头，在这些年的实践中，我们身处一线的老师遇到了很多困惑和问题，不少老师对这次改革产生了疑虑。据我们看来，这些困惑和问题，既包括改革理论层面的，也包括改革实践层面的，且混淆在一起。借此机会，想听一听你的见解和看法。

答：在当前的历史课程改革实施过程中，确实如你所说，遇到了许多问题，且相互交织、相互制约，十分复杂。但是，在我看来这恰恰证明了这次课程改革的必要性。从整体上看，新中国成立以来，我国基础教育的历次改革，无论是在深度和广度上，都没有这一次深刻，所以遇到的问题多且复杂也就不足为奇了。历史课程更是如此。

我觉得有必要强调的是，在长期的实践过程中，新中国的基础教育虽然有了长足的发展，但是，在发展过程中，也积蓄了许多问题，特别是一些关键问题，由于种种复杂的原因，在过去的时段里，我们很少静下心来加以思考，因此很少触及或仅涉及表面而已。

友人乙：那你能不能举例简要地说一说，有哪些关键问题需要我们关注呢？

答：好的。目前我们面临的棘手问题很多。其中，教育观念的更新、教育理论的建构、课程的编订和运行、教学的测量与评价、教师教育水平的提升等，都是需要认真对待的深层问题。

友人甲：你所举的这些，都是关系教育全局的宏观问题。这些问题与历史课程改革有什么联系呢？

答：简要来说，历史课程改革是一个非常复杂的教育综合体运动，它既受本身问题的束缚，同时又受历史学和教育学中问题的制约，还要受到社会的各种问题的直接或间接的影响。为了认识起来方便，我们可以将这些问题简要归纳为几个层次。第一个层次，是直接影响教育的各种社会问题；第二个层次，是历史学科发展问题；第三个层次，是涉及基础教育整体的问题；第四个层次，是历史课程与教学建设本身的问题。与其他任何一门基础教育课程一样，历史课程与教学也离不开第一层次、第二层次和第三层次问题的制约和影响。

那些认为“教师为中心”不好就“学生为中心”、“课程内容陈旧了，就变换内容”、“教师讲的多不行，就学生多活动”等所谓的“改革”，明显是一种就事论事思维模式和行为模式的具体呈现，并没有触及教育深层的问题。坦率地说，这种思维和行为以及其“成果”，对包括历史课程在内的基础教育课程改革没有多少实质性的帮助。

友人乙：通过你上面的谈话，我们是否可以这样理解，历史课程改革首先是受大环境的问题影响和制约的，不正确认识和处理好这些问题，就无法顺利地进行历史课程改革？如果是这样，能具体谈一谈你认为最重要的"教育大环境的问题"是什么吗？

答：好的。我认为有必要首先强调一点，直接制约和影响历史课程改革的大环境问题不处理好，历史课程改革确实很难进行。其次，我认为当前面临亟需认知和处理的"教育大环境的问题"就是我们的教育理念的更新与发展。

友人乙：你谈到了教育理念的更新。当前，课程改革的许多文件中不是一再的提到教育理念的变革吗？让我看来，现在主要的应当是在改革实践中如何贯彻和落实。

答：你的看法并不错，而且我相信这也是许多教育者的认识。但是，这一理解带有明显的缺陷，即一种教育理念在实践中真正的"贯彻和落实"，是建立在对教育理念的科学认知这一必不可少的前条件和基础上的。当前我国基础教育课程的改革缺失的恰恰就是这个。当前的课程与教学改革中，许多所谓“理念”只是挂在嘴边的口号，恐怕许多人并没有真正领会和认识。

友人甲：你能具体举一些案例，加以说明吗？

答：好的。我们先来谈谈教育功能的问题。我以为，长期以来我们对教育功能的认识存在明显缺失和片面性。

友人甲：为什么这样说呢？

答：纵览几十年来的教育实践，我们谈教育的作用多，谈教育功能却很少。我们的认识始终围绕着“读书有用”还是“读书无用”展开。这样一来，我国的基础教育在片面追求教育某些客观功利结果的道路上越走越远。特别是当前，人们普遍将教育作为“牟利”工具的倾向越加明显。我这里所说的“利”既有物质的，又有其他方面的，这正是许多人对“读书有用”的解读。

友人甲：这一点你说的对，到目前，还能经常看到人们对读书“有用”还是“无用”的议论。你能谈谈对教育功能的具体理解吗？

答：要谈对教育功能的理解，首先要对教育功能的多元性有足够的认识。总结近代以来人类教育发展的成果，多元的教育功能至少包括：促进人的发展、推动社会进步和承传优秀文化。这三大功能构成了一个相互依存、相互联结的三维体系和结构，全面体现了人类教育这一特殊社会活动和领域的重要功用。然而，在我们的教育实践中呈现出来的却是这样一种境况，某个时期强调教育的“社会”功能，某个时期又过分强调教育的“育人”功能；在这样的过程中，由于对前两个功能的割裂式的认知，如何承传人类优秀文化也就始终得不到应有的重视了。这样的实践结果使教育的任何一项功能都很难在实践过程中实现。

友人甲：你这样的见解确实令我们开阔视野，并提供了认识这一问题的一个新角度，看来教育观念的问题确是教育改革中的重中之重。关于这个问题，你还有什么要谈的吗？

答：是的，关于这个话题，我还想从另一个角度再谈点看法。在教育理念的更新与发展过程中，我们往往认为教育观念是教育者的事，而很少形成教育观念其实也是全社会的事的认识。前一个认识固然重要，但是后一个认识更为重要。二者相互联系，相互依存，相互作用。我们尤其不能忽视基础教育是关系到中国社会每一个儿童、每一个家庭的大事，因而每一个社会人都会自觉或不自觉地形成对教育的合理认识，这一认识在很大程度上制约着教育者的教育观念。忽略了这一点，我们在基础教育课程改革的路上很难前行。

友人乙：你还能再就与前面所谈及的相关观念层面的问题谈谈看法吗？

答：可以。在以往各地的课程培训中，我接触到的许多老师至今对应试教育和素质教育的认识不甚清楚。这不仅影响了他们教育观念的更新，更影响了他们的改革实践。

友人甲：当前，素质教育可以说是基础教育课程改革实践中，出现频率颇高的词汇之一。然而，对什么是素质教育，什么是应试教育，许多人，其中包括我们教育者，未必认识得清楚。因此，就出现了有人所形容的那样，“素质教育轰轰烈烈，应试教育扎扎实实”。你对应试教育和素质教育是如何理解的，可以说一说吗？

答：好的。概括地说，应试教育是以应试为目的的一种片面、带有极强竞技性的教育。其问题，不在于教育本身是否应该有考试，而在于其是以考试为目的。如果简单用取消考试来扭转应试教育，那很可能会出现其他各种样式的片面教育，如当前“活动教育”的趋势不断增强。殊不知，如果教学中无目的地开展活动成为教育目的的话，那只不过是应试教育的变种而已。

应试教育除了片面的特性之外，还具有竞技性。在应试教育下，大家都在为孩子获得一张纸制试卷的最高分数而奋斗、竞争。在这一过程中，教育的许多功能缺失，教育的基本目的无法达到，同时基础教育对孩子们的吸引力也遗失殆尽。

我们在辨析应试教育的时候，首先，要明确这种教育的片面性不利于基础教育目的的实现，不利于学生的身心全面成长；其次，要看到长期以来在以分数为实际目标的竞技性竞争中，相当部分的学生用不同程度的厌学作为途中抵抗或退出竞争的方式，这在不利于学生身心全面发展的同时，还导致了基础教育要实现促进全体学生发展的目标几近空话。

因此，应试教育不适合基础教育。在这样的教育下，学生个体身心的全面发展不能实现，全体学生都实现发展仍然不能实现。

友人乙：我们了解了你对应试教育的认识。你还能就素质教育谈些看法吗？

答：概括地说，素质就是一个人应具备的特征和品格。人的素质分为先天和后天两个部分。如果我们承认基础教育是素质教育的话，也就应当清醒地认识到，长期以来，我国基础教育运行中的一个重要缺失，即只关注“培养”，而忽略“开发”。因此，在我国的基础教育变革过程中，教育者必须帮助学生在完全进入社会之前，实现对自身将来作为一个社会人所必备的各种品质的开发与培养，以使自己成为一个高质量的国家合格公民。

由此，素质教育的关键在于它本身的全面性，既有利于学生实现个体身心的全面发展，同时有利于全体学生都得到发展。

友人甲：我们了解了你对应试教育和素质教育的看法。但是,我们想到了一个与此密切相关的话题——高考。你能否就此话题聊一聊？

答：这可是一个很敏感的话题。但是，已然谈到这里了，我愿意坦诚地把我的看法说出来，供批判用吧。

高考是目前直接影响和制约我国基础教育发展的一个重要问题。长期以来，这是人们最为关注，也是我国基础教育最为敏感的话题。然而，到目前为止，我们对其既缺乏科学认识又缺乏合理运作。我们始终是围绕着是否取消高考指挥棒；高考到底考什么，是考知识还是考能力等话题争来争去。我直白地说，高考的功能和目的只是为高等教育选拔一批学生，如果说它与基础教育有联系的话，也只是有一批进入高等院校学习的学生是从合格的基础教育应届毕业生中，通过高考选拔出来的，仅此而已。至今我仍然以为，高考不应该直接承载落实和调控基础教育目标的任务，因为，一张纸制试卷承载不了这样的任务，它应该直接“享受”基础教育目标落实的成果。高考不是基础教育的终结点，而是高等教育的起始点。所以，我认为高考应当回归它的本位，正常发挥它为高等教育选拔合格学生的功能就可以了。

在当下，我国高考的运作走上如此极端的道路，其实与高考本身没有太大的关系，而是与我们前面的话题有关系，即与对教育功能的认识与教育功能的发挥密切相关。不知我们能否勇敢地承认，当我们在教育理念和教育实践中将教育的某些片面功利结果作为教育目标加以追求时，教育其实进入了渐渐地被“异化”或“半异化”的状态，而在这样一个教育被异化的过程中，从某种意义上说，高考逐渐成为了这种“异化”的替罪羊。如果我们始终陷于高考问题而不能自拔，将预示着我们的基础教育课程改革很难取得实质性的进展。

友人甲：你的这一见解，很多人不见得赞同，但是很独特，而且很犀利。你使用了教育“被异化或半异化”的描述，能否再深入谈一谈你的想法？

答：可以。要说清楚这个问题，我们必须回到教育本身上来，对教育的一些常识性原理做一番梳理。教育作为一项特殊的社会活动，本身具有明确的目的。就基础教育而言，它的基本目的就是实现儿童的成长，即前面所谈到的：一是教育中的儿童个体要实现其身心的全面发展；二是教育中的儿童群体要实现每个人都全面发展。可是在高考成为人们追求的教育实际目标后，这样的教育目的根本不能实现。近来，我注意到有学者提出这样的见解，即可以将高考与当前的教育改革结合起来，甚至有人提出应试教育与素质教育可以相容，认为二者并不矛盾。坦率地说，我不赞同这样的观点，其理由前面已经谈过了，这里不再赘述。

不管我的观点人们是否认可，至少现在越来越多的人已经逐渐感受到，高考确实已经成为了当代中国基础教育发展的最大纠结点，而单靠改革高考本身，并没有真正解决我们教育中的各种问题。

友人乙：今天，我们就中国基础教育变革与发展中的一些宏观问题，展开了讨论。最后，你想用怎样的话作为我们谈话的结束语呢？

答：中国教育有着悠久的历史，在其漫长的发展过程中，逐渐形成了自身深厚的传统和特点。从发展的角度看，这些传统和特点既有需要继承的长处，也有在发展进程中需要不断改进和弥补的缺陷。进入21世纪后，世界各国都在不同程度地进行着基础教育的改革，在这样的大背景下，我国要保持改革开放以来的发展势头，保证实现国家发展和进步的目标，就必须变革我们的教育；同时，教育的变革本身又是国家发展和进步的组成部分和重要标志。

我就用这段话，作为今天谈话的结束语吧。

友人甲：好。很高兴在这样短的时间里听到你对我国基础教育未来发展的一番清晰而又犀利的见地。下一次再见面时，希望你能谈一谈对历史课程本身问题的看法。

答：好的，下次再见。

（未刊稿）

再谈历史课程答友人问

——关于历史课程建设的问题和困惑

时间：2016 年 7 月。

地点：北京师范大学主楼 B611B 室。

友人甲：你好，我们又见面了。今天能有时间就上次约定的话题聊一聊吗？

答：欢迎你们。我们这次可以谈历史课程的问题了。

友人乙：上一次，我们围绕教育理念讨论了一些问题。但是，那些问题终究替代不了对历史课程本身的一些问题的认识。这次，我们希望围绕历史课程建设中的一些具体问题做一些交流，你看如何？

答：好的。谈历史课程建设的问题，还有两个与其有直接关系的前提需要明了。一是课程建设也好，课程改革也好，不等于各学科简单地换一套内容编订，或者编一套新的教科书；亦不等于教学中教师换一套教学手段、方式或方法。就这一轮基础教育课程改革来说，最为深刻也是最应当引起我们关注的，是建构一个合理的以课程为核心的基础教育体系，以便最大限度地实现搭建一个尽量宽阔的、以实现学生全面发展为目标的课程平台，来替换长期以来运行的以教学为核心的基础教育体系以及这个体系中的教学平台。对历史学科来说，这样的改革才能使历史教学真正摆脱“教教科书、学教科书、考教科书”模式的困扰，为学生真正学习历史提供机会。二是如何全面、科学地认识课程编订。我想有一个基本认识需要明确，人类教育进入近代发展至今，在各个民族、各个地区和国家从来也没有出现过一个尽善尽美的课程编订。任何一个课程编订，最直接的是要与同时期教育运行相匹配，要满足落实教育目的的需求，并随之发展变化。因此，我们对待课程需要有一种实事求是的科学态度，不能不切实际地幻想编订出一个十全十美的课程方案来。特别是我国的教育，长期以来以教学为核心，我们对课程的认识和研究远远不足，因而在起步过程中，特别是面对种种错综复杂的问题时，首先需要有一个冷静的头脑、科学的态度和良好的心态。

友人甲：我们注意到，你刚刚说过这样一段话，“这一轮课程改革既不是各学科简单地换一套内容编订，或者编一套新的教科书，亦不等于教学中教师换一套教学手段、方式或方法。这一轮改革最为深刻的要点，是建构一个以课程为核心的基础教育体系。以便搭建一个尽量宽阔的、以实现学生全面发展为目标的课程平台，来替换以教学为核心的基础教育体系以及这个体系中的教学平台。对历史学科来说，这样的改革才能使历史教学摆脱‘教教科书、学教科书、考教科书’模式的困扰，为学生真正学习历史提供机会”。这样的见解，我们在历史课程改革实践中还是很少听到，你能再举例具体谈一谈吗？

答：好的。我可以分几层谈谈看法。

首先，要了解课程与教学的关系。简要地说，在教育体系中，课程与教学是两个重要环节，二者联系密切、相互作用。但是，其基本关系却是课程制约教学，即一旦课程编订确定，教学要为实现课程目标服务。这个基本认识我们应当随着以课程为核心的教育体系的确定而尽快确立。

其次，新中国成立以后，在我们的基础教育中，历史教学基本上是以课堂为平台、以教科书为内容、以考试为结果的教与学的活动。在长期的实践中，越来越多的人逐渐认识到这样的一个模式，存在明显缺陷，不利于学生真正学习历史。这一轮改革将课程作为教育的核心，这也意味着历史课程成为学校历史教育更为宽阔的运行平台，而历史课堂教学则是历史课程实施的一种主要运行方式。我要强调的是，为了充分利用课程这一平台，还有其他多种运行方式可以供选择，如各种历史考察、历史访问，各种历史学习中的动手活动，等等。

再次，既然有了课程这样一个宽阔的平台，历史课程资源就顺理成章地成为历史课程的内容，而多元的教学测量和评价则成为课程实施的结果。只有这样，历史课程的目标才有实现的可能。

友人乙：在新课程实施过程中，许多老师仍然沿袭传统习惯，教教科书，而其他材料只是对教科书的某种补充。这样一来，课程实施的过程并没有发生人们所期待的变化。请问，你怎样看这个问题，我们到底应该怎样理解课程资源呢？

答：要回答这个问题，首先需要厘清一个相关的历史学问题，即怎样认识历史的特点。简要来说，历史具有“一度性”的特点，即历史不能再现，不能复制。这一特点决定了人们在历史认识过程中，始终不能面对认识的对象，这是导致历史认识与许多科学认识之间存在差异的根本因素。因此，在历史研究中，史家只能通过从各种史料中获取历史遗留下来的痕迹、信息，完成对历史的解读和建构。在历史教学中呢，教师则应当通过利用包括各种史料、历史教学用书、史家著述、各种历史读物和其他各种与历史有关的人和物，引领学生实现对历史的认识。因此，只要是与历史有关联的各种材料、物和人都属于历史课程资源的范畴。

其实，关于历史课程资源，在义务教育历史课程标准和普通高中历史课程标准中有比较具体的阐述。

但是，在历史课程实施过程中，要真正实现利用课程资源教学，是件很不容易的事情。这需要改变“以考试为目的”的历史教育观念，形成科学的历史课程资源理论，建构合理的历史课程资源体系，运用多样化的教学手段和方法，等等。总之，在历史课程改革过程中，我们要逐渐实现由传统的历史教材、历史教科书观，转变为现代的历史课程资源观，从而为历史课程资源理论的建设、为历史课程资源的运用，奠定坚实的基础。

在这个领域的研究中，我想还有一点需要提及。一些学者在研究历史教科书时，注重对国内与国外历史教科书的比较研究。但是，需要关注以下两个问题：

一是目前在西方，一些国家的“历史教科书”只是参考书；另一些国家则已经没有了我们通常理解的教科书，有的是“教室用书”“课外用书”等等。这说明，历史教科书在不同国家历史教学中的作用与我们有着不同程度的差异。在中外历史教科书的比较研究过程中，如果不了解这一点，只关注教科书本身的比较，不仅意义不大，而且这种比较的“成果”在很大程度上，很难成立。

二是由历史本身的特点所决定，各国的历史认识都会不同程度地带有政治的、意识形态的因素和内容。然而在当前流行的历史教科书比较中，这方面的内容往往被回避，如果有也是一带而过。坦率地说，这方面的比较，才是历史教科书比较的重要内容，因为从中可以看到各国历史教科书历史观的差异、历史价值观的不同，以及各国历史教育的取向，等等。然而，这方面涉及的领域很多，比较起来确实很复杂、很难。

友人乙：可是，在当前的教学实践中，许多教师还是把历史教科书当作历史来教，学生也还是把历史教科书当作历史来学。其实，长期以来我们许多历史教师弄不清楚一个问题：不教教科书，教什么？我本人长期以来也有一个困惑，“教教科书，学教科书，考教科书”这样一种模式究竟是怎样形成的？能否就这个问题谈谈你的看法？

答：好的。你表述的这两个问题，正是历史课程编订的核心问题，即课程内容的编订。我先用一句话来回答你提出的第一个问题：在历史教学中，教师应当充分利用各种课程资源，以自己的教引领学生的学，帮助学生完成对历史的感悟和认知。但是，这样的一个回答又产生了一些需要回答的问题。例如，什么是历史？历史与历史教科书有什么关系？其实，回答了这些问题，也就找到了第二个问题的答案。

友人乙：我们很有兴趣听一听你的看法。

答：如前所述，“一度性”的特点决定了历史既不能再次发生，亦不能复制。从这个意义上说，今天我们面对的一切历史都是重建的历史。历史教科书不过是重建的历史的一种。这句话的意思是，我们今天所能看到的历史，包括各种历史著述、史迹遗存都已经不是曾经发生过的客观历史了，虽然其中不同程度地包含了历史的真实，但同时又都有不同程度的失真。因此，无论是历史研究还是历史教育，其任务是通过“积累”的历史痕迹，即“历史的真实”，最大限度地“复原”历史，在这一过程中形成历史认知。因此，作为一名历史教师，在教学中应该充分利用包括历史教科书在内的各种历史课程资源，帮助学生最大限度地感悟和认识历史。而不是教学生学习历史教科书。

在我国，长期以来受“传统教育”理论和课程的影响，过分注重间接知识的教与学，历史教科书被表述为是教师教的依据、学生学习新知识的依据、复习的依据、考试的依据。因此，“教教科书、学教科书、考教科书”就顺理成章了。这是我对你提出的第二个问题所给出的直接答案。

我想借此机会表明一个看法，当前“教教科书，学教科书，考教科书”的历史教学模式的改变，是需要用不断深化历史课程改革来推动的，而历史课程改革的深化，需要树立科学的历史教育观念，建构合理的历史课程理论，这是我们亟待解决的问题。

友人甲：在当前的历史课程实验过程中，还有一些老师们颇感困惑的问题，你能不能谈一谈看法呢？

答：可以。都是怎样的困惑，你说来看看。

友人甲：首先一个问题。在新课程实验中，许多老师认为普通高中历史课程改变了几十年来的历史教学内容结构，由通史变为了专题史，这给师生的教和学带来了很大的困难。有人认为，专题史导致了历史的时序混乱，不利于学生的历史学习；有人认为高中历史课程内容这样编排，造成了重复，加重了学生负担。因此，不少人认为高中的历史课程内容应当恢复通史体例。

答：这个问题，本应该是在新课程实验启动之初解决的。但是，很遗憾，改革的实践行进到今天这样一个程度，我们还在为这样的问题所困扰。如果从义务教育课程改革进入实验算起的话，本轮课改已经走过了十五个年头，今天我们应该站在一个更高的点上，展望未来我国的历史课程与教学的走向，而不能无休止地陷入“通史好”还是“专题好”的无谓争论之中。我以为未来的历史课程内容编排，应该注重体现多样化和灵活性。这样做，一是有利于历史课程建设跟上历史学发展的步伐，及时吸收历史学的成果；二是有利于学生在学习过程中，真正培养出多角度的历史思维；三是有利于提升学生真正的历史认知。

友人乙：我们还是想听一听你对普通高中历史课程编订的看法。

答：好。简要来说，普通高中历史课程的编订与普通高中各门课程的编订一样，它不是孤立地编成的，而是直接受《普通高中课程方案》制约的。它既是这一方案的组成部分，又是这个方案的具体化。我想就其相关背景谈以下两点：

第一点，要说明白这个问题，必须要了解《普通高中课程方案》。在这个方案中，全部高中课程分为了若干领域，每个领域包含数量不等的科目，每个科目又分为若干必修模块和选修模块；在这个方案中，历史与社会构成一个领域；这个领域，包含历史、政治、人文地理诸科目；历史科目下，分为 3 个必修模块和 6 个选修模块。每个模块的课时，亦是方案规定下来，一般不可变更。在这样的课程编订中，历史课程的编订很难再沿袭传统的通史体例。因此，从某种意义上说，历史课程内容专题体例的选择，是整个高中课程的一种选择。但是,坦率地说,我们很多一线历史教师、历史教研员并不重视研读《普通高中课程方案》，有人甚至不知道还有这样一个方案。这就容易解释当下不断出现的许多问题了。

第二点，从新中国成立到进入新世纪的 50 年来，我国基础教育的历史学科一直沿用通史体例，变化始终是围绕着初中和高中两个学段通史课的编排展开的。某一时段，采用双循环的通史编排，就是初中学习一轮古今中外的历史，高中再学习一轮古今中外的历史。这样的编排，直接导致的问题就是重复。另一个时段，采用单循环的通史编排，就是初中学习中国通史，高中学习世界通史。但是，这样的编排，直接导致的问题一是学习的总量明显不足，二是初中学生毕业后如果不上高中，世界通史就成为了他们在知识上的严重缺失。这样，又得改回去。在共和国成立后的半个世纪中，基础教育的历史课，大体上就是这样变来变去的。

在本轮基础教育课程改革中，高中历史课程采用专题体例，这在新中国是一种创新的尝试，它为增加学生的历史认识角度和拓宽视野提供了一种可能。但是，任何一种新的东西的出现都不会完美，特别是教育，它的任何一个变化都会面临许多复杂的问题，关键是我们遇到问题后所采取的态度。是后退，回到原有的历史教学习惯场中进行所谓的“改革”，还是艰难前行，去开辟历史课程与教学的一片新天地。

友人甲：按照你的看法，通史体例存在缺陷。可是，专题体例也有许多问题呀。例如，内容重复的问题，再如，历史时序的问题。

答：在这里，我还是想强调一个基本认识，历史学发展到今天，还没有出现过一个十全十美，被大家所公认的历史发展过程的建构，任何一种对历史发展过程的建构，都有其缺憾。但是，也正是由于这种多元、多样的对具体历史过程建构的存在，才充分展现了历史学的繁荣与其强大生命力。举两个例子：在中国古代史学发展中，有编年史、纪传史、纪事本末史……

正是这些成“一家之言”的不同历史建构的并存，充分体现了中国古代史学的繁荣；在近代以来西方史学的发展中，正是全球史、文明史、社会史、环境史……这些不同历史建构并存，充分体现了西方史学的发展程度和水平。

我还可以就你提到的两个具体问题谈一谈看法。

到目前为止，大多数对历史过程的认知，都存在着重复。不仅学生的历史认识是这样，史家的历史认识同样也是这样。举一个例子，司马迁的《史记》中重复的地方就很多。其实，在人们认识历史的过程中，关键不在于是否重复，而在于怎样的重复，可以对人们历史认识的形成有很好的帮助。关于历史时序，依然如此。难道只有通史才体现历史时序？历史时序等于通史吗？举一个例子，中国古代的各种体裁的史书，都有时序，只不过不同体裁的史书对时序的表现不同。在西方史学发展中，年鉴学派的短时段、中时段、长时段不是历史时序的体现吗？我以为关键在于我们如何深入认识和阐释历史时序。同样关键的是，在我们的历史教学中，教师能否恰当、灵活地运用史家们给我们提供的多样化的历史时序表现形式，引领学生形成对整体历史时序的合理认知。

我以为，在历史学和历史教育不断进步与发展的今天，特别是在我国的基础教育课程改革实验历经了十余年后，我们在思考和设计历史课程时，应该从本轮课程改革的小圈子里跳出来，站到一个更高、更宽的角度，在选择历史教育中的历史表述形式时，应该摆脱“通史好”还是“专题好”这样一个过窄的一元认知，而是从多元认知角度，通过编订科学、合理的宽域历史课程，实现历史课程资源的多样化，为学生提供真正能实现自主的历史认知平台。这需要我们在变革过程中，不断地拓展历史教育视野，深化对历史课程和历史教学的理论认知，突破当前就课改论课改的框框，立足于未来的历史教育发展与进步的高度，来思考和设计当前历史课程与教学中的种种问题。

友人乙：接下来请你谈谈第二个问题。在当前的教学中，不少历史老师认为历史活动课就是“历史活动课程”，因此在教学中尤为重视。特别是随着时间的推移，历史活动课越来越明显地以“历史活动课程”的面目向整个历史课堂拓展和覆盖。同时，我们看到了一些相关的研究文章，也在使用、阐释“历史活动课程”这个概念。在新课程改革过程中，究竟应该怎样理解历史活动课以及“历史活动课程”，我们想听一听你的见解。

答：好的。要想谈清楚这个问题，我们还要从课程类型说起。简要来说，在近代西方教育发展过程中，曾经产生过两个重要的教育流派，一个是以德国的霍尔巴特为代表的“传统教育”，另一个是以美国的杜威为代表的“进步教育”。在两个教育体系中，分别形成了各自的课程类型。“传统教育”强调教育是人类已有知识和经验的传递，从中衍生出了学科课程；“进步教育”强调“教育即成长”“教育即生活”，从中衍生出了活动课程。因此，我们在认识和运用这两种课程类型时，需要掌握的条件，至少有三个：一是学科课程和活动课程分别产生于两个不同的教育理论体系；二是这两个课程类型都与课程内容有关，一个是间接知识、间接经验的产物，另一个则是直接知识、直接经验的产物；三是由于课程内容的不同，在具体课程编订中，课程设置也就不同。学科课程按照科学的分类来划分课程门类，活动课程则按照学生在现实中的生活活动来划分课程门类。

友人乙： 这对我们认识历史活动课程有什么帮助吗？

答： 通过上面的梳理，我们知道了学科课程与活动课程有一个不可调和的差异，就是学科课程的内容是人类已获得的知识、经验，而活动课程的内容是学生的直接生活以及在生活过程中形成的经验。因此，如果采用学科课程的编订，在课程设置中，一定会出现如数学、化学、政治、物理、历史等与科学相通的课程命名；反之，如果采用活动课程类型，在课程编订中，则出现的一定是作为具体课程的生活活动的名称，如粉刷、烹饪、缝纫等等。

友人乙： 这样说来，我明白了，历史课程的历史是历史学的范畴，它属于人类认识中的间接知识、间接经验，它与活动课程中学生的生活活动既不能简单等同，也不能简单相融。历史课程就是历史课程，而不能出现历史活动课程的名称和概念。

友人甲： 那对历史活动课我们应该怎样认识？在历史课程与教学中如何给它一个明确的定位呢？我们很想听一听你的意见。

答： 好。我们明确了历史活动课程是不成立的，但是历史活动课确是一个历史教学概念。如果要用语言对它做一个简要明了的概括的话，你可以把我下面的话记录下来。

其一，历史活动课是历史课堂教学的一种形式，这一形式的具体表现就是活动。其主体应当是师生、生生的互动。在目前，历史活动课主要是以教科书里“历史活动课”“历史与探究”中的不同主题呈现出来的。

其二，历史活动课中的“活动”是教学的一种方式，因而属于教育中的教学的环节，而活动课程中的“活动”是课程的内容，则属于教育中的课程环节，二者不发生也不可能发生直接联系，特别是二者不能等同。

其三，教育中的活动是一个具有多重含义、结构复杂的概念，即便是仅从教学环节来看，有教师的活动，有学生的活动，有师生的活动，有动手的活动，有动脑的活动，等等。

其四，在当前的历史课程和教学改革过程中，有两种倾向值得我们关注。一种倾向就是将历史活动课与活动课程相混淆；另一种倾向则是在课堂上无目的地、过度地强调学生动手活动，而忽视了学生在历史学习中的动脑活动，即学生历史思维活动。

友人乙：时间过得真快，今天我们针对历史课程讨论了几个问题。接下来，请你用一段简要的话作为今天的结束语如何？

答：好的。首先，当下我们亟须在基础教育课程改革实践中，建构合理的、具有中国特色的课程理论，在此基础上，科学编订课程方案。其次，从历史特点出发，编订有利于学生感悟和认知历史的历史课程。在这一过程中，紧紧围绕怎样才能为历史的教与学搭建合适的平台，解决好诸如课程内容标准的编制、历史课程资源库的建设等问题。

友人甲：我们今天的谈话，就历史课程的相关问题进行了一些探讨，很有意义。希望还有机会与你见面，再谈一谈历史教学中的问题。谢谢你。

答：好的。再见。

（未刊稿）

中外历史教科书比较与未来我国历史教科书建设

历史教科书是历史课程内容的具体化，是历史教学中学生学习的主要用书之一。因此，历史教科书的建设是历史教育的重要内容和环节。它的好坏在很大程度上影响并反映历史教育改革与发展的方向、速度是否正确、合理。当前我国历史教科书的改革，虽然取得了一些成绩，但仍须深化。在这一进程中，深入了解各国历史教科书的特点及发展趋势，既能为解决我国历史教科书中诸多问题提供借鉴，又能更好地为未来我国历史教科书的建设服务。

一、国外历史教科书发展的基本特点

由于教育和国情不同，当前各国、各地区的历史教科书从内容到形式都有明显的差别。从总体上看，国外历史教科书的建设和发展体现出了如下特点：

1. 注重实现历史教科书从内容到形式的多样化，是当前世界中学历史教科书改革与发展的主流。

在国外历史教科书多样化的趋势中，有两点值得我们注意。

一是各个国家、地区之间历史教科书的多样化。由于各国的历史发展、文化背景、历史教育理念和方式等的不同，各国、各地区的历史教科书呈现出明显的差异。美国和欧洲一些国家的历史教育比较开放，其教科书的审定制度、教学中对教科书的使用都比较自由。因此，这些国家的历史教科书体现出了更大的灵活性。如美国斯考特·福斯曼出版公司出版的《世界历史》，在内容方面以时间为经，各地区文明为纬，注意兼顾社会、政治、经济、文化等方面内容；日本东京书籍株式会社出版的《改订新社会历史》则注重文化史，在全书内容中，文化史占据了一半以上；英国埃德沃特·阿奴特出版公司出版的《岁月的流失——1890—1945年的欧洲史》偏重于政治和经济的内容，在设计上，正文主要提供叙事性的记述，大量的练习题则引导学生进行分析；我国香港特别行政区昭明教育研究中心出版的《中国历史课本》分为甲、乙两部，其中甲部按时间顺序叙述历代兴衰，乙部则分专题叙述古代中国社会文化起源及发展。

二是一个国家、地区内部的历史教科书多样化。由于一些国家的历史教学十分重视对学生个性化的历史思维的培养，因此，鼓励编写不同样式的历史教科书。这方面美国比较典型。在美国，既有以重要历史人物为中心的历史教科书，如马丁出版公司出版的《西方传统的缔造者》；又有以时间先后顺序为历史发展线索、脉络的历史教科书，如《民族与国家：世界史》；也有合编本国史与世界史的历史教科书，如斯考特·福斯曼出版公司出版的《我们美国人》；还有融合乡土史和社会现实内容的历史教科书等。在英国、法国和其他一些国家中，这种多样化的历史教科书发展趋势亦日益增强。

2. 历史教科书是教学用书，首先要满足教学的需要，而不能是教学满足教科书的需要。

在历史教学中，教科书是为教学服务的。在许多国家，历史教科书的多样化，实际上是教学充满灵活性和多样化的一种具体体现。在美国，学生学习历史，通常是提前阅读一段材料，课上老师先围绕当天的话题（topic）进行讲解，然后全体学生参加气氛活跃、热烈的讨论，如果哪个学生经常不参加讨论、不发表自己的意见，会被认为没有完成作业或不认真学习。历史课的具体内容，各校迥异，即便是使用同一本教科书，也会因具体运用方法不同而截然不同。美国的学校很少有考教科书式的考试。因此在美国，历史教科书在很大程度上是学生学习历史的参考书。在法国，则只有“教室用书”“教育图书”等概念，而没有在许多国家通常使用的“教科书”概念。在许多国家，学校甚至教师就具有选择和具体使用历史教科书的权力，这样虽然也有弊端，但其具有的一个积极意义是很明显的：真正实现灵活运用教科书，有利于师生在历史课堂上创造性活动的展开。

3. 历史教科书建设要符合国情，适应社会发展的需要，为现实服务。

由于各国的历史不同，在漫长的发展过程中，形成了不同的生活方式、文化积淀、价值观等，对历史教育的理解、价值取向也就有所差别。因而，世界各国历史教科书的建设，都非常注重从自身国情出发，最大限度地使其适应社会发展的需要，更好地为现实服务。

在美国，20 世纪 90 年代中期公布了《全国历史教学标准》，在由此而引发的讨论中，有的学者认为："学生应该了解美国是一个大熔炉，来自世界各地的人们在这里相遇，争斗，互相残杀，但是也在这里共同奋斗，维护公平、尊严、在法律面前人人平等的基本概念，这些信条既体现了美国的光荣，也显示了美国的耻辱。学生应该了解，不是所有人都平等地分享了美国梦，不是所有人的美国梦都一模一样。……但是伟大的梦想是我们国家历史的一个本质部分。他们应该了解，美国的过去有很多值得自豪的地方，也有不少遗憾的地方。"（《美国历史教学》，《交流》1998 年第 3 期）

在日本，近年来出现了越来越受到特别是亚洲国家批判的历史教科书问题，这也与其国情及当前社会的发展趋势密切相关。历史本身的特点决定了世界任何国家的历史教学都不能脱离国家和社会发展的制约，都必须为国家、社会发展服务。

二、改革中我国历史教科书建设所取得的进步

我国大陆从 20 世纪 90 年代初正式实行九年义务教育以来，历史教科书的建设发生了明显的变化，长期以来使用一个统编版本教材的局面被打破，同时推出了多套历史教科书[主要包括：根据《义务教育历史教学大纲》(试用)编写的人教版、北师大版、四川版、广东版教科书；根据自编课程标准编写的上海版、浙江版教科书等]。进入21世纪后，2001年秋季，根据《全日制义务教育历史与社会课程标准》(实验稿)编写的人教版、北师大版、华东师大版等历史教科书投入实验。经过十多年的艰辛改革历程，我国大陆历史教科书的建设取得了明显的成绩。

首先，各套历史教科书力图达到义务教育的要求。

在这个方面，各版本历史教科书体现了如下一些

特点：

1. 注意淡化教材内容的专业化、成人化倾向，降低教材内容的难度，以适应义务教育面向全体学生的要求。

为解决这个问题，我国以实施义务教育为起点，走过了漫长的十几年探索之路，在《九年义务教育全日制初级中学历史教学大纲》（试用）的指导下，各套初中历史教科书的编者在当时的条件下做了很大努力，并为以后的进步提供了重要的经验和教训。在《全日制义务教育历史与社会课程标准》（实验稿）指导下编写的各套初中历史教科书，在这个问题上取得了明显突破，打破了传统的历史学科体系，注重选取适合学生认知发展水平的知识，提出适合学生能力发展水平的要求。

2. 注重拓展知识面，加强教材内容与生活的联系，以适应全面落实历史教育目标的需要。

上述现行的各套历史教科书，不同程度地加强了历史知识与社会现实各方面的联系，注意选择与学生现实生活密切相关的知识。如人教版历史教科书中的“活动课”、北师大版（课标版）历史教科书中的“学习与探究”、华东师大版（课标版）历史教科书中的“探究活动”等内容都体现了这一特点。

3. 力求使历史教科书的形式活泼，增强其趣味性，以使其真正成为学生喜欢的学习历史新知识的用书。

首先，各套课标版历史教科书的改进最为明显。如人教版初中历史教科书（包括大纲修订版和课标实验版）、北师大版初中历史教科书（课标实验版）、华东师大版初中历史教科书的课文，分为提要或导言，使用大、小字，文中包括历史图片、历史地图、历史图表、原始材料、文中思考题、课后练习、活动课设计等。并且，教科书的版面设计得活泼、多样。

其次，各套历史教科书初具特色。经过十几年的不断完善，各套历史教科书已开始形成各自的特色。如人教社版历史教科书从适应课时安排的角度出发，率先对以往教科书广泛采用的章节体例做了改动，采用了“课”的编排体例，同时对教科书内容编排形式亦作了较大调整，使其更为活泼、生动。其后的许多版历史教科书亦采用了这一体例。北师大（五四版）历史教科书从历史的整体性出发，仍采用章节体例，但从内容安排上，“章”为单元，淡化节与课的过分联系，以保证教学内容的相对完整。浙江版历史教科书则采用了中外历史合编的模式，以增强历史的整体感。根据义务教育课程标准编写的人教版、北师大版、华东师大版历史教科书的特色更为明显。其他版本的历史教科书也都不同程度地体现出了自己的特点。

三、目前我国历史教科书建设中存在的主要问题

虽然在历史教科书的建设中取得了显著的进步，但是仍然存在一些问题需要我们的关注。

1. 在当前的历史教学改革中，基本上实现了历史教科书的“多本化”，但如何真正实现“多样化”，仍是在实践中需要加以探讨的问题。

通过十几年的努力，在我国初中历史教学中，正在使用和编写中的“大纲本”和“课标本”历史教科书，已有十个左右的版本，从而实现了历史教科书的“多本化”。但是，从我国基础教育改革的目标要求来看，历史教科书的“多本化”只是实现“多样化”过程中的一个必经环节。只有实现了历史教科书的“多样化”，当前我国基础教育改革目标的贯彻、落实，才能真正

具有坚实的基础。如何实现历史教科书多样化，从国内外的经验来看，一般有两种方式：一种是编制不同的课程方案，在不同的课程标准指导下，编写出具有不同特色的历史教科书，如目前我国上海、浙江、北京等地，正是采用了这种方式；另一种是统一编制课程方案，在同一课程标准指导下，编写出具有不同特色的历史教科书。然而，这就需要课程标准对课程内容的要求留有足够的余地。但到目前为止，这样一种历史教科书的编写方式，在我国还未能见到。现行的各套历史教科书，特别是"课标本"历史教科书，在形式的多样化方面确实取得了长足的进步，但在其内容体系、结构安排、内容要点的选择等方面，则区别不大。需要指出的是，在历史教学改革不断深化的过程中，人们对历史教科书改革的着眼点，如果过于集中在历史教科书形式多样化上，而自觉或不自觉地忽视了历史教科书内容的多样化，是会对教师和学生创造性的教学活动起到负面的影响和作用的。

2. "以教科书为中心"观念的存在，束缚着历史教科书的变革。

长期以来，在"传统教育"理论的影响下，我国的历史教学大致形成了一种“教师教教科书，学生学教科书，考试考教科书”的教学模式。“以教科书为中心”的观念，在很大程度上制约了我国历史教科书的建设，特别是随着历史教学改革的深入，这种观念的负面影响和作用越来越成为历史教学改革的阻力。当前，“以教科书为中心”观念的影响表现为，对一套教科书，在强调学生喜欢阅读、爱看、有利于学生自学的基础上，赋予它各种职能，以适应教学中各个环节的需要。其具体表现形式为，一本历史教科书，既要提供学生所要学习的新知识内容，又要提出教学过程中手段、方法的使用方式，还要具体设计当堂复习、巩固的内容等等，从史实到结论、从文字到各种图表、从新内容到练习题、活动等，各个部分划分很细、包括很全，这一切又都要具体、完整。应当说，一套历史教科书要有利于学生学习，这种观念是对的，但这不等于说，教科书就必须事无巨细，都要求全完备。教科书有利于学生探究学习的真正含义，应该是有利于引导学生思维的展开，使学生爱看、喜欢阅读，侧重在其阅读后，能够引起其深入思考；同时，作为教学用书，历史教科书要有利于学生学习还有另一个重要涵义，即在课堂上有利于师生创造性活动的展开。而使用上述的历史教科书，在教学中，教师和学生往往只能是“照本宣科”地“贯彻”“落实”教科书，因而失去了在依托教科书基础上的师生主动性和创造性的发挥。需要强调指出的是，在未来的历史教学改革实践中，这样的教科书极可能会影响到新的教育理念的贯彻和落实。而许多国外历史教科书的编写，相对简约，注重内容而不过分强调形式，这样就在教学中，给师生的创造性活动真正留有了充分的空间和余地，从而在很大程度上有利于实现教学过程的生动、活泼，使学生自主的学习能够落到实处。

3. 在改革教学理念的前提下，如何重新认识历史教科书的科学性、可读性等问题。

《全日制义务教育历史课程标准》（实验稿）阐述了历史课程基本理念中，明确提出：“历史课程改革应有利于学生学习方式的转变，倡导学生积极主动地参与教学过程，勇于提出问题，学习分析问题和解决问题的方法，改变学生死记硬背和被动接受知识的学习方式。”要实现这种转变，需要正确处理好许多复杂的问题，其中，历史教科书内部诸如科学性、可读性等问题就在其列。

新中国成立后的很长时期里，在我国历史教科书的编写中，不太允许出现不同的观点、结论，教学中的科学性是以教科书中的所谓“定论”为基准体现出来的，而学生的思维实际上亦是围绕着教科书中的“定论”展开的。但是，即便是从科学性的角度来看，新中国成立后，在史学界对不同时期的历史教科书中所涉及的许多“定论”是一再变化，对许多问题的说法、见解纷立，许多历史谜团也一时难以真正揭开。笔者并不是要借此否定历史学的科学性问题，而是想强调说明：历史学的科学性与自然科学的科学性是有差异的，它带有明显的自身特点，需要重新界定，而长期以来，我们在这方面缺乏必要的认识和足够的研究。

关于历史教科书的可读性，目前也存在不同看法，需要认真探讨。有人认为，历史教科书要有可读性，就必须编写得具体、有情节、生动、详细、形式多样。有的人则认为，历史教科书的可读性不是简单地刻意追求具体、有情节和生动、详细，而是选材、文字表述、形式有利于学生提出问题，并进行思考；有利于课堂上，师生双边创造性活动的展开。对此，笔者倾向后一种认识，特别是历史课程标准中，明确提出要养成学生的探究学习习惯的要求，如果仅仅把历史教科书的可读性理解为具体、有情节、生动、详细，显然是不能够达到上述要求的。在这方面，我们可以从许多国家的历史教科书中汲取养分。

四、加快历史教科书建设需要从更深层次思考的问题

进入新的世纪，我国基础教育改革的步伐不断加快，在历史教科书的改革中，如前所述，需要解决的问题有很多，但这些问题的解决又受到各种因素的制约，需要在更深层面上加以思考和探究。

1. 继续深化历史课程改革，加大历史课程标准研制的力度，为历史教科书的改革提供更成熟的条件。

在历史教科书的改革中，历史课程和课程标准的编订和研制是一个重要的制约因素。与旧的历史课程和教学大纲相比，新的历史课程和课程标准有着明显的进步，在理念、目标和方式等方面都取得了进展，为历史教科书的变革提供了相应的条件。但是，笔者

认为有些问题仍需深入研讨。一是在历史课程编订中如何处理科学精神与人文精神的关系。这是一个有关课程理念的问题，涉及对历史课程功能和作用的定位。受目前普遍存在的“重理轻文”思想的影响，在历史课程中，过分强调科学功能的状况不同程度地存在着。如注重课程内容中的科学部分；用科学方法论替代历史方法论；用解决科学问题的方式方法替代解决历史问题的方式方法等。二是如何处理初中历史课程与高中历史课程的关系与衔接。这是编订中学历史课程过程中始终存在的问题。到目前为止，对这个问题的处理，已打破了以往的初高中循环制，体现了多样化的发展趋势，但目前存在的几种模式又带有明显的局限，仍须加强研究，以找到能够相互补充的更佳方案。三是历史课程标准研制的力度需要加强。正在实验中的历史课程标准有许多优点，但有一个明显的弱点是许多人已经看到的，即对历史课程的阐述无论是广度还是深度都显得不足，更像是传统教学大纲的延续与变型。同时这一课程标准对内容的规定过于具体、过于严格，在一定程度上，并不利于真正多样化的历史教科书建设。

2. 尽快完善我国历史教科书的审定制度，为历史教科书的改革提供更有效的空间。

在已经过去的十几年中，我国的教科书审定制度发生了很大的变化，基本完成了从“国家编定”到“民间编写、国家审定”的制度的转变。但是，目前的历史教科书审定制度在运行中确实有某些不足之处，亟需加强和完善。

第一，历史教科书的审定需要保持权威性。这种权威性应主要体现在审查委员对教科书的审查必须是代表国家，而不能是代表个人。要做到这一点，既需要审查委员具备极高的素质，又需要完备的体制约束和保障。

第二，历史教科书的审查必须能够真正体现历史学的“最高水平”，符合国家的利益。作为历史教科书内容的“历史”与其他许多学科的内容相比，具有明显的“一度性”特点，人们无论通过什么样的方法也无法直接面对它。因此，对历史教科书审查中的“最高水平”“最新成果”的理解，不能简单以现实的某种“认识”或“结论”为依据。而应以是否有利于学生历史思维的展开为依据，当然，这种思维展开又是以符合人类历史发展、不违背国家利益为首要前提条件的。

第三，历史教科书的审查必须能够体现教育的全面需求。历史教科书不同于其他历史书籍，是基础教育中指导学生历史学习的用书。因此，对历史教科书的审查不能仅从史学的角度出发，还要看其能否真正体现出教育和教学的思想、理念。只有这样，才能保证通过审查的历史教科书能够体现基础教育的全面需求，而不是某一方面或某几方面的要求。关于这点，还需要进一步探究。

第四，历史教科书的审定要给历史教科书的多样化留有余地。既然多样化是历史教科书发展的一个趋势，那么教科书审定的宽严就要适度，过宽、过严都会给历史教科书多样化目标的实现带来不利的影响。

第五，吸收各国不同历史教科书审查制度的优点，尽快完善“审定制”。目前各国历史教科书所采用的审查制度不一，但择其要大致可分为两类：一类以欧美国家为代表，从教科书的编写到选用一般比较自由；另一类以亚洲国家为代表，虽然给教科书的编写和选用留有一定的空间，但与前一类相比，制约也非常明显。在不断完善教科书审查制度的过程中，如何吸收而不是照搬别国的经验，还需要我们进行认真的研究。

3. 制定更为科学、合理的相关政策，为历史教科书的改革提供更为可靠的保证。

在基础教育改革中，要做到尽量减少不必要的障碍，从而实现历史教科书在变革中不断进步，特别需要相关政策为其提供保证。如在编写历史教科书过程中，需要具备人力、财力及空间、时间等诸多方面的条件，有些条件如果仅靠其自然生成，必然会带有许多先天的局限，因此，制定一些相关的政策给予扶持，而不是简单地卡、压，以有利于历史教科书的多样化的实现，有利于历史教科书多样化进程中的平等竞争，有利于历史教科书多样化过程的规范运行，等等。应当说，在这方面，我们基本还处于起步阶段，还有很长、很曲折的一段路程需要我们去认真的探索。

（原载《全国中小学教材建设研讨会论文集——新起点》，北京师范大学出版社 2003 年版）

《探索历史的奥秘》内容标准解读

一、《探索历史的奥秘》模块的学习目标

在人类历史的演进过程中，留下了无数有待后人破解的谜团。解开这些历史之谜，是考古学和史学研究的重要内容，也是考古工作者和史学工作者的重要任务。在高中阶段了解这些历史谜团及其探索过程，可以激发学生的历史思维和历史想象，有利于学生社会认识能力的提高。

本模块的学习，主要有以下三个方面的具体目标：

（一）使学生了解一些中外历史之谜的考古发掘和科学研究的基本知识，逐步养成历史思维的意识和习惯

通过本模块的学习，要求学生学习有关史学研究的一些基本知识，了解正在探索中的中外历史上的六个未解之谜的概况，并在此基础上逐步养成历史创新思维的意识和习惯。《普通高中历史课程标准（实验）》具体提出了三个层次的学习要求：

一是识记方面的要求。在“模块学习内容要点”中，要求“知道”“了解”“简述”“列举”等的内容，需要学生熟练掌握，这既是学生学习的一个组成部分，又是学习深入发展的重要基础。例如，本模块中的专题四“玛雅文明的消失”中的“简述探索玛雅文明的经过”“了解玛雅文明的成就”“列举玛雅文明研究中的未解之谜”，要求学生通过学习，要具体了解和知道：该文明探索的经过；该文明曾经取得的成就；到目前为止，该文明研究中的未解之谜等的基本情况。在此基础上，才能要求学生进一步去理解和运用。

二是理解方面的要求。在“模块学习内容要点”中，要求“概述”“说明”“认识”等的内容，需要学生在对相关识记内容充分掌握的基础上，进行一定的归纳、总结和推论。例如，本模块专题三“三星堆遗址——古蜀文明之谜”，只有在“了解三星堆遗址的发现经过与发掘成果”的基础上，才能要求学生“说明古蜀文明是我国宝贵文化遗产中的重要内容”。而学生在学习中只有达到了理解的要求，才能进一步去运用。

三是运用方面的要求。在“模块学习内容要点”中，要求“分析”“探讨”等的内容，关注的是学生在学习中的运用，这是学生历史学习中较高层次的要求。其核心是学生自主、开放的思维。例如，本模块专题七“大津巴布韦遗址与非洲文明探秘”中的“探讨大津巴布韦遗址留给我们认识非洲历史的线索”，要求学生在学习中，根据对“大津巴布韦”遗址有关材料的了解和掌握，从不同角度对非洲历史的发展脉络，能够初步进行自主探究，阐述自己的见解，并与师生进行讨论和交流。

上述三个层次的知识与能力目标要求，具有密切的有机联系，是一个不可分割的整体。

（二）注重收集材料、处理信息、形成对问题认识的学习过程，并在学习中，逐步了解解开人类之谜的基本手段和方法

本模块中的知识与能力目标要求的落实，需要在教学过程中实现，这个过程不应该是一个灌输的过程，而是一个真正能够体现学生自主活动的学习过程。在这个过程中，学生应该在教师的指导下，自己尝试并初步学会运用一些基本方法收集历史资料、处理各种有关信息、形成对历史问题的认识。例如，在“二里头文化的探索”学习中，学生不仅要知道有关二里头文化的资料到底有哪些，还应该初步尝试自己动手去收集各种资料；不仅要了解考古工作者和史学工作者是怎样利用各种信息资料的，还应该亲自尝试处理各种信息资料；不仅要掌握考古工作者和史学工作者目前的研究成果，他们对问题的见解，还应该自己尝试提出不同看法，并在师生中间展开讨论与交流。

（三）逐步培养学生宽广的历史胸怀和历史感，养成严谨科学的态度，充分认识人类历史发展的复杂性，树立正确的人生观和价值观

在人类历史的漫长发展过程中，留下了许多有待解决的问题，大到人类起源的探索，小到一个具体历史年代的考证。在对这些问题的探究过程中，众多学者在各种纷繁复杂的材料中，清理头绪、多方考证、追寻破解历史遗留下的种种蛛丝马迹。他们或依据不同资料，或从不同角度，提出各种观点和见解。这些观点和见解，都为我们解开这些历史的奥秘，提供了有益的帮助。在教学中，学生适当了解这些历史未解之谜和学者们认识这些历史之谜的不同方法及在这一过程中所付出的艰辛努力，有助于开拓学生的历史视野，培养其宽广的历史胸怀和历史感。同时在学习过程中，初步认识和了解历史学的科学性，学会多角度看问题，养成有几分证据说几分话的科学态度。人们对历史奥秘的不断探索，实际上也是人类极为关注自身命运的一种表现形式。在教学中，使学生充分认识

这一点，有助于其关注人类命运的人文精神的养成；树立追求真理，为祖国和人类的进步做贡献的人生理想。

二、《探索历史的奥秘》内容标准分析

本模块共有七个学习专题，具体分析如下。

（一）历史与历史的重现

本学习专题主要包括三个方面的内容，一是历史与历史学的关系；二是在史学研究中史料的重要作用；三是史学研究中的基本方法。

1. 历史与历史学的关系。

学习本课题，应着重理解以下三点：

第一，什么是历史？关于什么是历史，不同的学者从不同角度，有着不同的见解。唯物辩证法认为，世界是由物质构成的，一切物质都是运动的。这个客观物质世界运动发展的过程，便是历史。历史是一种不以人的意志为转移的客观存在。但是，做进一步的考察就会发现，历史还有两层意义。一是历史有广义

和狭义之分。从广义上理解，历史包括自然史和人类史；从狭义上理解，历史单指人类社会的“历史”。二是历史是人类社会发展的过去形态。这是与人类社会活动的现实形态相对而言的。

第二，历史的特点。历史的发展具有明显的特殊性，主要表现有三。首先，人的存在是历史的前提。只有有了人才有人类社会，才有了人类社会的历史，才有了人类创造历史的实践活动。其次，历史具有“一度性”。人类社会历史现象不同于自然界其他方面的现象，任何人类社会历史现象都是一过即逝，无论使用何种方法也不能使之重现。再次，历史具有综合性。这是因为人类社会的历史，是由人类的各种社会活动构成的，其主要包括政治、经济、文化、教育、民族关系、对外关系、战争、宗教等等。

第三，历史学是人们对历史的认识。有了历史就有了人们对历史的认识。历史学是一门古老的学问，它是研究和阐述人类社会具体发展进程及其规律的一门学科。历史学既要研究人类的实践活动本身，又要研究影响人类实践活动的各种因素，还要揭示人类实践活动的内在规律。

在教学中，教师可以引导学生对上述问题进行思考，在此基础上鼓励学生之间展开交流与讨论。

2. 史料的重要作用。

学习本课题，应注意认识以下三点：

第一，什么是史料？史料是与历史密切相关的材料，它是人类在以往长期的社会活动过程中，遗留下来的各种痕迹。

第二，史料的基本内容。史料的内容有很多，一般可以分为四个方面。（1）史迹遗存。这类史料是指在人类社会发展过程中尚存的各种实物。具体包括地上和地下的遗址和遗迹。（2）传世和出土的文物。（3）历史文献。这类史料是指一切具有历史价值的文字记录。具体包括历代史书、档案、铭刻、调查资料等。（4）口传材料。这类史料是指流传于民间的传说、民歌民谣等。

第三，史料的基本作用。历史“一度性”的特点决定了在史学研究中，研究者不能直接面对研究对象，不能通过直接的观察进行工作，而只能依据间接的材料，即史料来从事历史研究。史料是历史学家复原和认识客观历史的“中介”。离开了史料，历史研究也就无从谈起了。因此，充分发掘史料并翔实地占有史料，是开展史学研究工作不可缺少的重要条件。

第四，史料的局限性。在史学研究中，史料虽然具有不可替代的重要作用，但是亦有局限。首先，与实际历史相比，史料的数量有极大的局限。无论是史迹遗存还是文献资料都是如此。其次，史料的质量也有局限。由于历史文献的记录者和撰述者，受到时代性、阶级性、个人见解、见识程度等多重主客观因素的制约，各种文献资料都带有不同程度的片面性。因此，在了解和认识史料的作用时需要加以注意。

在教学中，教师应引导学生在学习中尝试收集和运用史料，体会和认识史料在史学研究中的重要作用。

3. 史学研究的基本方法。

史学研究方法，是人类认识历史的“桥梁”。由于历史内容极为丰富，并具有多层次性的特点，史学方法也就不能单一化，而应该丰富多样。史学家在具体运用历史研究方法时，亦根据不同情况，灵活运用。通过本课题的学习，应使学生了解和初步掌握搜集史料、整理史料及进行历史分析的基本方法。

第一，搜集史料的方法。搜集史料的方法一般包括：利用目录的方法、利用版本的方法和史书辨伪的方法。在学习和研究历史时，往往需要阅读大量的古代史籍，在浩如烟海的文献中，利用目录可以全面掌握史籍的情况。古代的书籍，一般有许多不同版本，不同版本的书，质量的差异很大。利用版本可以找到较好的书本。古代史书的撰写情况复杂，导致大量伪书的出现，在搜集史料时，需要运用辨伪的方法辨别伪书。

第二，整理史料的方法。整理史料的方法一般包括：史书校勘的方法、史事考证的方法等。古代史籍中的文字错误繁多，在很大程度上影响了使用，因此，需要通过校勘的方法，校正其文字谬误。由于各种复杂的原因，古代史书中记载的史事，也往往错误百出。因此，欲对某一史事做出论断，必先运用考证的方法，弄清楚史事的真相及来龙去脉。

第三，历史分析的基本方法。通过搜集和整理获得了史料，并不是历史研究工作的终结，它标志着这一工作进入一个新的阶段。在这个阶段中，史学家将通过对所掌握史料的分析，得出结论，形成认识。历史分析的基本方法主要包括：阶级分析方法、历史比较分析方法、历史心理分析方法和历史计量分析方法等。

在教学中，教师可以通过适当引用典型史学研究的案例，帮助学生体会在史学研究中，各种研究方法的作用及运用，并在此基础上，引导学生初步尝试和体验运用史学研究的基本方法，解决学习中遇到的具体历史问题，从而促进其历史能力的不断提高。

（二）人类起源之谜

这一学习专题，主要有两个方面的内容，一是到目前为止，关于人类起源研究所取得的基本成果；二是到目前为止，关于人类起源的研究中还有哪些未解之谜。

1. 人类起源的基本研究成果。

人类起源问题，是人类社会发展进程中的重大问题。进入文明时代以后，人们就不断展开对这一问题的探索，以求揭开其奥秘。进入 20 世纪以后，经过几代学者的不懈努力，在人类起源的问题上，基本上把握住了由猿到人进化过程的脉络。在教学中，教师应着重引导学生认识其中的主要成果：确定人类与现代类人猿的共同祖先；说明人类与类人猿的分化；认定人类的直系祖先。

对现存资料的研究表明，人类的出现距今约二三百万年，人与猿同类。在非洲、亚洲和欧洲的一些热带和亚热带森林地区，考古发现了许多古猿化石，从时间上看，这些化石分布在距今约3000万—500万年之间。通过研究基本可以认定，这些古猿是早期人类与现代类人猿的共同祖先。其中比较有代表性的是埃及古猿和埃及猿。埃及古猿生活在埃及尼罗河下游至撒哈拉沙漠边缘之间的茂密森林中，距今约3000万年。根据对发掘出的头骨、肢骨的测算，埃及古猿身高约30—50厘米，脑量约30毫升。埃及猿晚于埃及古猿约400万年，最早发现于埃及的法尤姆地区。埃及猿的身高约50厘米，脑量50毫升。通过研究发现，埃及猿与埃及古猿相比，不仅身高、脑量有所增长，而且已经能够立起身来，像现代猴类一样行走。

人类与类人猿开始进入分化的过程，大约在距今2500万—500万年以前。人类脱离猿类经过了森林古猿阶段。森林古猿首先发现于法国境内，后来在欧洲的其他地区及非洲、亚洲都有发现。森林古猿的主要种类，与埃及古猿和埃及猿相比较，有明显的进步。他们身高约 1 米，脑量可达 100 毫升，并且可以踉跄着直立行走。到了距今约 1300 万—800 万年以前，人类在脱离猿类过程中，进入了腊马古猿时期。腊马古猿首次发现于印度北部的腊马山区，其分布较广。腊马古猿的身高超过 1 米，脑量约 300 毫升。其体质上的特征与人类的体质特征相似。腊马古猿已经能够用石块作为工具从事劳动。在腊马古猿的文化遗存中还没有发现人工制作的生产工具，因而，腊马古猿是正在形成中的人。

人类的直系祖先是南方古猿。南方古猿的遗骨首先发现于南非，距今约 300 万年，它是目前所知道的最早人类之一。南方古猿分为两支，其中属于纤细种的南猿，脑量约为 600 毫升，其颅腔内膜的回纹复杂，牙齿构造和排列方式与人类相同；身高约 1.22 米，体重 45—54 千克。考古发掘证明，南方古猿已经能够制作简单的生产工具。

通过对这个问题的学习，应使学生在掌握一定材料的基础上，初步了解和认识由猿进化到人的基本脉络。

2. 人类起源的未解之谜。

在人类起源研究取得重要成果的同时，在由猿到人进化过程中的若干重要环节，仍然存在着明显的缺环。在教学中，教师应引导学生围绕这些缺环中的主要问题，展开探究和思考。

关于人类起源的未解之谜，主要有：猿是从哪里来的？人类具体的进化过程是怎样的？人类的起源地在哪里？

当古人类学家基本上构建出了由猿到人的发展序列框架后，"猿是从哪里来的？"成为需要探讨的一个问题。按照正常的逻辑，高级灵长动物都是由低级动物演化而来，低级动物又是由细胞分裂而来的。迄今发现的埃及古猿身体特征，已经属于高级灵长类动物。那么，埃及古猿又是由哪种动物演化来的呢？目前主要有：埃及古猿是由更小的灵长类动物——中华曙猿和世纪曙猿——演变而来的；埃及古猿是由恐龙演变而来的；埃及古猿是由海洋鱼类演化而来的等几种观点。

在关于人类起源的研究中，人类具体进化过程的某些环节仍然有待探索。其中，在森林古猿是否是人类的祖先、南猿是否是人类的直系祖先两个问题上存在着不同的见解。有学者坚持认为森林古猿是人类的祖先，有的学者则认为人类与森林古猿只是近亲关系，并非同源，人类另有起源，并直接向人类进化。传统观点一般认为，南猿是人类的直接祖先，20 世纪 70 年代以后，有学者依据考古发现，提出了人类是经由腊马古猿向人类演进的，而不是经过南方猿人。

人类的起源地在哪里？是人类起源研究中的又一个引人关注的问题。迄今为止，在世界各地都发现有腊马古猿时期的遗迹。人类的起源地究竟是在非洲，还是在亚洲，或是在其他地区？对这个问题还有待于在考古发现新材料的基础上，做深入的探究。

这个专题的内容，有一定的难度。在教学中，教师可根据学生的情况，灵活采用恰当的手段和方法，引导学生思考。

（三）三星堆遗址——古蜀文明之谜

这一学习专题，主要有两个方面的内容：一是有关三星堆遗址考古发掘的经过和发掘成果；二是三星堆文化研究中的难解之谜。

1. 三星堆考古经过和发掘成果。

三星堆遗址发掘是新中国重大考古发现之一。系统学习该遗址的发现过程和发掘成果的有关知识，有助于学生了解古蜀文明的概况和新中国的考古成就。

首先，应使学生大致知道遗址考古发掘经过的基本情况。

从 20 世纪 20 年代末起，四川西平原广汉市三星堆遗址周围陆续有玉器出土。80 年代中期，我国考古工作者在三星堆遗址处，发现了一处窖藏，里面存有大量的青铜器和玉器。从此，三星堆文化以及它所代表的古蜀文明终于向世人展露出了它的朦胧面目。通过陆续的考古发掘，三星堆遗址的概貌已基本确定。三星堆遗址群，占地约 12 平方千米，其中心地带呈梯形，东西长约 3 千米，南北宽约 2 千米。三星堆文化延续了 2000 年，其鼎盛时期相当于商王朝时期。

其次，应使学生掌握三星堆考古发掘中取得的主要成果。

三星堆遗址中发现古城一座。三星堆古城的东、西、南三面，都筑有城墙。其东垣长 1100 米，宽 20 米；西垣长 600 米，宽 46 米以上；南垣长 1100 米，宽 40

多米。城垣的许多地方留有缺口，应是城门所在。古城内已经发掘出了许多房屋遗址和作坊遗址、陶窑遗址和窖藏遗址。

三星堆遗址出土遗物最多的是一号祭祀坑、二号祭祀坑、月亮湾玉石器坑。出土的器物包括大量玉器、青铜礼器、人形造像、人面塑像、金器和少量陶器等。其中，最引人注目的是青铜造像、青铜面具和玉石造像，这些造像和面具的造型奇特，特别是其中的凸目面具，眼睛呈柱状外突，这在世界各地均未有发现。三星堆遗址中，还出土了一件金杖。金杖全长 142 厘米，以木为骨，外用纯金皮裹制，金杖上，刻有带冠人像和鱼鸟图案。这件金杖，有人认为是巫师的法杖，有人认为是国王的权杖。

通过学习三星堆遗址考古发掘的经过和取得的主要成果，应使学生进一步了解古蜀文明的特点和辉煌成就，具体认识我国古代冶金技术和雕塑艺术的高超水平。

2. 三星堆文化遗址研究中的未解之谜。

由于出土文物的奇特和缺乏文字材料的印证，在三星堆文化遗址的研究中，出现了许多谜团。在学习过程中，学生了解其中的主要未解之谜，有助于提高学生对三星堆遗址考古工作重要性的认识。

三星堆遗址研究中的谜团主要有：是谁创造了三星堆文化？三星堆文化的源头在哪里？三星堆文化为什么会突然消失？

是谁创造了三星堆文化？主要有三种观点。

一是蚕丛国说。目前持此说的学者较多。根据文献记载，川西平原古称蜀，远古时期就出现了国家，国王称蚕丛氏，其面目特征为“纵目”。有的学者以此为据，认定：“纵目”即眼球向外突出，这与三星堆遗址中出土的青铜凸目面具形象吻合，因此，三星堆文化是由蚕丛国创造的。

二是鱼凫国说。根据文献记载，川西平原古代有个国家，名为蜀国，因为开国君主名叫鱼凫，因而也被称为鱼凫氏王国。该国以广汉为都城，疆域辽阔，国势强盛。有的学者认为，文献记载的鱼凫国，正好就在三星堆文化分布的地区，因此，三星堆文化遗址应是鱼凫国的史迹遗存。

三是外来文明说。由于三星堆出土的青铜遗物和玉器独特，目前，在世界范围内寻找不到相似的文物，因而也有少数学者认为，三星堆文明是外来文明。

三星堆文化的源头在哪里？这又是一个不解之谜。

三星堆文化是一种相当古老，然而却非常发达的文化。但是，在四川地区至今所发现的古代文化类型，都与三星堆文化无关，它们分属不同的文化类型。因此，三星堆文化是在何种文化的基础上形成的？其源头在哪里？这成为人们在三星堆文化遗址研究中，不断探寻的一个重要问题。

三星堆文化为什么会突然消失？这是三星堆文化遗址研究中的又一个谜团。

三星堆文化大致与中美洲地区的玛雅文明相似，在没有征兆的前提下，“突然”消失了。自约公元前1000 年起，三星堆文化的主体因素，在四川境内及周围相邻的较晚遗址中，均没有发现任何遗留的痕迹。这种文化为什么会突然消失？创造了这种文化的居民为何会匆忙离开川西地区，他们举族迁往了何处？他们在新的聚居地为何不继续保留自己部族的主要传统习俗和文化？这些成为学者们在三星堆文化遗址研究中试图揭开的谜团。

在教学中，教师应根据学生的学习状况，适当提供典型材料，并引导学生利用各种手段和方法收集资料，在此基础上，进行独立思考，初步形成自己的看法，然后与同学进行必要的交流。

（四）玛雅文明的消失之谜

本学习专题的内容，主要包括三个方面：一是玛雅文明的探索过程；二是玛雅文明在发展过程中所取得的成就；三是玛雅文明研究中存在的未解之谜。

1. 玛雅文明的探索过程。

玛雅文明是已经“失落”的人类古代伟大文明之一。学习和了解玛雅文明发现、探索的基本过程，可以帮助学生深刻认识，人类对自身历史的探索是无止境的，其间充满了艰辛和意想不到的结果。

在教学中，对玛雅文明的探索过程应注意以下两点：

第一，考古学家对玛雅文明的探索经过了一个漫长的过程。19 世纪中期，美国考古学家约翰・史蒂等人来到洪都拉斯的热带丛林中，在那里，他们找到了一座石头城堡。这座城堡有用块石砌垒的城墙，条石铺成的道路，还有石基的神庙，宏大的宫殿，居民的小舍。这一发现从此揭开了玛雅文明朦胧的面纱。20世纪初期，越来越多的考古学家来到中美洲，先到洪都拉斯，又去危地马拉、厄瓜多尔和北美洲的墨西哥、南美洲的秘鲁等地。考古探险的成果惊人。考古学家相继在中美洲、北美洲和南美洲各地，发现了170多座古代城堡和许多令人叹为观止的玛雅遗物。

第二，经过长达近一个世纪的探寻，人们大致知道了玛雅文明的区域及其存在的时间。玛雅文明区地处中美洲，西临太平洋，东濒大西洋的墨西哥湾和加勒比海，北部是突出的尤卡坦半岛，西北和东南分别通过墨西哥和中美诸国的两条狭窄的陆地与北美洲和南美洲相连接。玛雅文化区包括了今天的墨西哥南部和尤卡坦半岛上的几个州、半岛东南部的伯利兹、背靠太平洋的危地马拉、中南美洲走廊上的洪都拉斯和萨尔瓦多，总面积约为32万平方千米。其全盛时期，约为公元3世纪至公元9世纪末。但是，就在玛雅文明正处在巅峰阶段时，却“突然”衰落了。

2. 玛雅文明的成就。

玛雅文明是古代中美洲印地安人独自创造的堪与

亚、非、欧古代文明相媲美的人类文明。通过学习玛雅文明所取得的辉煌成就，可以帮助学生正确认识历史上各个民族创造的文明是全人类的共同财富，从而增强学生的国际意识。

玛雅人在创造文明的过程中，取得了辉煌的业绩，他们在文字、数学、天文历法、建筑、艺术等方面表现出了非凡的创造力。玛雅文字属于象形文字的范畴，但是也有一部分已具有了表意的成分。目前，人们还只能根据其形态，辨认少量文字的含义或本义，而不能全面解读玛雅文字。玛雅人的数学和天文历法十分发达。第一，玛雅人采用二十进位制和十八进位制。第二，玛雅人使用“0”的概念。第三，玛雅人拥有当时世界上最精确的历法。第四，玛雅人的天文学知识非常渊博。玛雅人的建筑水平十分高超。他们修筑了金字塔庙宇、规模宏大的城堡和要塞、宽阔的石质道路。玛雅人的艺术造诣也令人惊叹。

他们在石料上雕刻人像、神灵、动物和文字；用植物和矿物作颜料，绘制精美的壁画。

3. 玛雅文化研究中的未解之谜。

玛雅文明灿烂辉煌，但是在玛雅文明的研究中，存在着许多不解之谜。在教学中，教师应引导学生了解这些未解之谜，并多方收集资料，对其进行独立思考，形成看法与同学交流。

玛雅文明的诸多未解之谜，主要包括：是谁创造了玛雅文明，玛雅文明如何失落，以及玛雅文明本身存在的种种谜团。

任何一种文明，都有其源头。玛雅文明的源头在哪里？许多国家的考古学家试图揭开这个谜团，他们在玛雅人生活或可能生活过的地方，多方探查，苦苦寻找。但是，到目前为止，玛雅文明的源头在何处，仍然没有准确的答案。

现有的资料表明，玛雅人在公元 9 世纪前后，离开了生活三四千年的原居地而不知去向，处于全盛时期的玛雅文明“突然”衰落。玛雅人究竟遇到什么情况，促使他们迁徙？史学界对此有不同的解释和看法。主要包括：外族入侵说、气候骤变说、地震说、瘟疫流行说、内部斗争说。

全盛时期的玛雅文明本身也存在着许多至今无法解开的谜团。例如：玛雅文字是如何起源的；怎样解读玛雅文字；玛雅人在数学计算中为什么使用二十进位制；玛雅人是怎样精确计算出一年时间的；玛雅人在缺乏金属工具和测量仪器的情况下，是如何建造大量巨石建筑的；等等。

在学习中，了解和认识玛雅文明研究中的未解之谜，有助于提高学生的历史学习兴趣，增强其社会科学探索意识。

（五）对二里头文化的探索

本学习专题，主要包括两个方面的内容：一是二里头遗址发掘的基本情况；二是二里头遗址研究中存在的主要疑难问题。

1. 二里头遗址发掘概况。

二里头遗址发掘是新中国又一重大考古发现。通过学习，使学生了解二里头遗址的考古发掘的基本过程，有助于学生进一步认识二里头遗址考古的重要意义，以及其在夏文化研究中的重要价值。

关于二里头遗址的发掘，在教学中应注意引导学生着重了解以下内容：

第一，二里头遗址的发现，是与寻找“夏墟”分不开的，考古学家正是在探寻夏朝的遗迹过程中发现了二里头遗址。

从 20 世纪 30 年代，人们就开始寻找“夏墟”。50 年代末，有学者根据文献材料的记载，把探寻夏朝的目光定位在了河南偃师市的二里头。随着考古发掘和研究工作的进展，越来越多的人们相信，二里头文化即是夏文化。

第二，二里头遗址的考古发掘工作，从 20 世纪 50 年代末 60 年代初开始，历经 50 余年，其面貌已基本显露。

二里头文化，因首先发现于河南省偃师市西南约 4 千米的二里头村而得名。其文化遗址主要散布在伊河、洛河和黄河中游流域。二里头遗址主要分布在二里头村境内，现存遗迹分布范围，东西长和南北长皆为 3 平方千米，主要包括建筑遗址、灰坑和墓葬。

第三，二里头遗址中的文化遗存非常丰富，这为研究工作的开展，提供了充分的实物材料。

在二里头遗址范围内，文化堆积十分丰富，根据地层和出土文物，二里头文化遗址分为 4 期。遗址有宫殿、陵寝、居室、作坊、陶窑、道路等。出土的器物包括青铜器、玉器、骨器、象牙器、石器、陶器等。

教师和学生可以收集有关二里头文化遗址考古的各种资料，并在教与学中加以运用。

2. 二里头遗址研究中的疑难问题。

由于目前考古学界尚未发现夏朝文字，在对二里头遗址的考古研究中，存在着诸多疑难问题。在教学中，教师可以适当介绍关于二里头文化的不同观点，并根据现有的材料引导学生思考、探究。

在二里头文化遗址研究中，始终存在着各种难以解答的问题。主要有：二里头遗址与夏朝都城的关系；二里头文化与龙山文化和商早期文化的关系；为何在已发现的夏朝遗址中没有发现夏朝的文字等。

据科学测定，二里头遗址文化层共分 4 期，有学者认为，这 1 期至 4 期皆为夏朝时期的遗址，并且是夏朝都城的遗址。有学者认为，这 4 期中的 1 期是夏文化，2 期至 4 期是商文化，因而，二里头文化 1 期存在的时候，这里是夏朝的都城，二里头文化 2 期至 4 期存在的时候，这里是商朝的都城。有的学者认为，这 4 期中的 1 期至 3 期是夏文化，4 期是商文化，因而，二里头文化 1 期至 3 期存在的时候，这里是夏朝的都城，二里头文化 4 期存在的时候，这里是商朝的都城。

近年来，通过对二里头遗址所做的碳十四测定，二里头遗址 1 期至 4 期的时间，约在公元前 1900 年至公元前 1500 年。因此，二里头文化应是夏朝较晚的一种文化，而不是先夏文化。在近年的考古发掘中，考古学家在发现的数十处二里头遗址下面的堆积层中发现了龙山文化的遗存，其分布与夏朝活动区域大致相同，时间也正好前后相替。因此，有学者认为，龙山文化即是先夏文化。在考古发掘中，人们还发现，带有明显商朝早期文化特征的堆积层，叠压在二里头遗址的上面。二里头文化正好介于龙山文化和商朝早期文化之间，因而，学者们认为二里头文化确是夏文化。

在对夏朝文化的探索中，夏朝文字是解开夏朝文明之谜的一把钥匙。但是，在目前诸多与夏朝有关的遗址中尚未发现夏朝文字，这是夏文化研究中的重大缺环，并且这与目前人们所认识的“史实”不符。商朝的甲骨文已经相当成熟，这种文字一定经过了一个相当长的发展过程。文献记载，夏朝之后为商朝，因此，夏朝应该有文字。然而，到目前为止，在所有夏朝遗址中，都没有发现任何文字的踪迹。由于缺乏最有说服力的文字证据，有关夏朝历史与文明的研究，虽然取得了重要的进展，但是许多疑难问题的解决，仍有待于考古学上取得重要突破。

在教学中，教师应引导学生正确运用有关二里头遗址的考古材料，学会全面分析问题，对历史问题做出结论时，要注重证据，而不能简单地靠推论。

（六）米诺斯宫殿遗址与克里特文明

这一学习专题，主要包括两个方面的内容：一是米诺斯宫殿遗址的考古发掘过程和克里特文明的成就；二是在克里特文明探索中存在的疑难问题。

1. 米诺斯宫殿遗址发掘过程。

米诺斯宫殿遗址是克里特文明的遗迹，了解其考古发掘过程，有助于提高学生的历史探究兴趣，进一步认识克里特文明发展的特点与成就。在教学中，教师应引导学生注意以下三个问题：

第一，米诺斯宫殿遗址所处的地理位置。米诺斯宫殿遗址位于地中海东部爱琴海域的克里特岛。克里特岛是爱琴海上的第一大岛，在新石器时期就已经有人居住。公元前 2200 至公元前 2000 年，克里特岛上出现了国家，克诺索斯是其中之一。岛上的国家以王宫为中心，其中克诺索斯的王宫最为突出。

第二，米诺斯宫殿遗址考古发现的经过。人们对米诺斯宫殿遗址的探索始于19世纪70年代以后，经过了一个漫长的过程。20世纪的第一年，米诺斯宫殿遗址的发掘正式开始。经过近20年的发掘，米诺斯宫殿的真正面目展现在了世人面前。

第三，克里特文明的成就。克里特文明是爱琴文明的重要组成部分。米诺斯宫殿遗址向人们展示了克里特文明的辉煌成就。宫殿规模宏大，依山而建，层层相连，室内陈设无比华丽、精美，充分反映了克里特文明的繁荣。

学习这一问题时，教师可以引导学生联系已有的相关知识，并进一步收集材料，通过了解米诺斯宫殿遗址的概貌，进一步认识克里特文明。

2. 克里特文明探索中的疑难问题。

在克里特文明的研究中，至今仍有许多疑难问题需要人们进一步认识。了解这些疑难问题及学者们对这些疑难问题的探索，有利于学生的历史思维和历史想象力的发展。

克里特文明研究中的疑难问题主要有以下几点：

第一，米诺斯宫殿是干什么用的，谁是这座宫殿的主人？许多学者接受这样的观点，即米诺斯宫殿是王宫。但是，也有学者提出不同的看法。有人根据遗址中出土的遗物和壁画描述的情景认为，米诺斯宫殿是存放死者木乃伊的古代殡仪馆；有人根据对宫殿遗址所做的详细考证认为，米诺斯宫殿是神庙；有人认为米诺斯宫殿既是王宫，又是神庙。对米诺斯宫殿功能的不同解释，在很大程度上影响了人们对这座宫殿主人的猜测。有学者认为，米诺斯宫殿的主人是克里特国王；有学者认为，米诺斯宫殿的主人可能是克里特王国的大祭司。要找到这个问题的答案，还需要更多的物证。

第二，克里特文明本身的疑难问题。解读文字是克里特文明研究中的关键问题。考古发现的克里特文字有两种：象形文字和线形文字 A。由于象形文字泥版数量很少，字数有限，破译困难，目前未能释读。线形文字 A 包括基本音符、表意和部首符号，约为 132 个符号。线形文字 A 至今亦未解读成功。

第三，克里特文明与迈锡尼文明的关系。在克里特文明的繁盛时期，与克里特岛隔海相望的北方希腊半岛的迈锡尼文明迅速发展起来。在早期迈锡尼文明中，带有明显的米诺文化特征。因此，隔海相望的两个文明之间的关系如何，一直是人们探究的问题。曾有学者认为，早期迈锡尼文明是米诺人向希腊本土殖民的结果。也有学者认为，迈锡尼文明是独立的文明，在其发展中汲取了米诺文化的养分。还有学者认为，迈锡尼文明在发展过程中，曾对克里特岛发动过海盗式袭击，劫掠了大量财富，从而促进了迈锡尼文明的发展。

第四，克里特文明是怎样衰落的？公元前 15 世纪前后，克里特文明衰落了。关于克里特文明衰落的成因，学者们有不同的观点。有的学者认为，克里特文明的衰落是由一场突如其来的火山爆发造成的。有的学者认为，克里特文明的衰落是由迈锡尼人的入侵造成的。还有的学者认为，克里特文明的衰落是由火山爆发和迈锡尼人入侵共同造成的。

在教学中，教师应引导学生理解：米诺斯宫殿遗址的考古发掘，对认识克里特文明有着重要作用；找到解开克里特文明研究中各种疑难问题的答案，对认识克里特文明在世界古代文明中的地位有着重要意义。

（七）大津巴布韦遗址与非洲文明探秘

这一学习专题，主要包括两个方面的内容：一是贝纳迈塔帕王国的概况；二是大津巴布韦遗址发掘的基本过程。

1. 贝纳迈塔帕王国概况。

非洲是一块美丽而富饶的大陆。古老的非洲文明是世界古代文明的重要组成部分。在教学中，通过了解贝纳迈塔帕王国的概况及“津巴布韦”的由来，可以提高学生对非洲历史的认识，进一步增强国际意识。

在这一专题的学习中，应注意两点：

第一，贝纳迈塔帕王国的由来。公元 5 世纪，贝纳迈塔帕王国在非洲南部的津巴布韦土地上兴起，“贝纳迈塔帕”意为“矿藏之王”。当时，贝纳迈塔帕王国矿藏丰富，盛产铁、铜、黄金，首都是冶炼业中心。15 世纪，贝纳迈塔帕王国进入鼎盛时期。16 世纪以后，贝纳迈塔帕王国衰落了，又由于某种原因，其居民迁往他处。

第二，贝纳迈塔帕王国的建筑物是用石头建造的。其首都名为津巴布韦。“津巴布韦”的含义就是“石头城”。今天的津巴布韦现存大小石头建筑200余处，其中最大的一处叫作“大津巴布韦”。

在教学中，教师可以指导学生通过各种途径，广泛收集资料，并在此基础上，引导学生就贝纳迈塔帕王国与非洲历史发展的关系展开思考。

2. 大津巴布韦遗址发掘经过。

大津巴布韦遗址是贝纳迈塔帕王国留下的历史遗迹，通过学习大津巴布韦遗址考古发掘的过程，了解其中所蕴涵的丰富内容，可以使学生更深刻地认识非洲历史发展的线索和特点。

在学习这一问题时，应注意以下四点：

第一，大津巴布韦遗址的发现经过。大津巴布韦遗址的发现，是与西方殖民者的入侵分不开的。16世纪初，葡萄牙殖民者入侵南非时，就已经知道了石头城遗址。19世纪后半期，西方探险家开始潜入这一地区进行勘察。不久，又进入遗址中，搜刮一些文物，并在地图上标注了石头城的方位。其后，蜂拥而来的西方殖民者，将遗址中的珍贵文物洗劫一空。

第二，大津巴布韦遗址概况。津巴布韦遗址位于今天津巴布韦的维多利亚城堡近郊的一片丘陵地上。石头城遗址大致可以分为三个部分。在山谷开阔地上，是一座面积约为4600平方米的椭圆形城寨。城中有一座高15米的圆锥形实心塔。距离城寨1000米外的一座陡峭的小山上，建有一座坚固的石头城堡，这就是“大津巴布韦”。石头城堡约长91米，宽66米，围墙高约7.5米，底部厚6米。结构精巧，规模巨大。在城寨和石头城堡之间，为“平民区”，这里没有高大的建筑。从遗址周围的遗迹和出土的遗物来看，大石头城居民的农业、冶炼、工艺、对外贸易都已达到相当高的水平。

第三，大津巴布韦遗址研究中的疑难问题。大津巴布韦遗址研究中的疑难问题主要有三个。第一个问题：是谁建造了石头城？长期以来，西方学者不相信非洲人能够创造这样璀璨的文明，他们中的许多人持“外来人创造”的观点。但是，通过科学方法测定和一系列考古发现证明，石头城是非洲人民的伟大创造。第二个问题：当时的人们是怎样建造这些石头城的？这个问题还有待于进一步考证。第三个问题：石头城是由于什么原因而被弃置的？这也是一个有待进一步做出合理解释的问题。

第四，大津巴布韦遗址与非洲的历史。通过大津巴布韦遗址的考古发掘，可以充分反映出古代非洲人民，以非凡的勤劳智慧，创造出了极富特色的古代非洲文明。非洲历史是整个人类历史的重要组成部分。

通过学习，应使学生正确认识古代非洲文明的特色及重要性。教学中，教师应指导学生充分运用材料，深入分析、思考，并与同学展开交流。

三、《探索历史的奥秘》活动建议

本模块是高中选修课之一。《普通高中历史课程标准（实验）》明确要求其应“进一步激发学生的学习兴趣，拓展学生的历史视野，促进学生个性化发展”。本着这一精神，本模块的教学活动建议主要包括三个方面的内容。

（一）注重材料、信息的收集和整理

学习中，应使学生认识在史学研究中，材料、信

息的收集和整理十分重要，并引导学生接触和了解历史材料、历史信息的收集、整理过程。在教学中，建议教师可以根据实际需要，就某一具体历史问题，要求并指导学生收集和整理材料、信息。收集材料的方式手段有很多，如：到社区、学校图书馆，当地的档案馆，收集查找各类有关的文字史料；到学校、家庭周围通过调查、走访的方式收集民间的有关材料；在学校、居住地周围考察历史遗址遗迹、博物馆，收集有关的材料；从互联网上查找、收集有关的材料；收集各类影视历史纪录片资料等。对收集到的材料，教师可以帮助学生进行整理，并在学习中加以运用。在收集、整理材料、信息时，应因地制宜，根据各地的条件量力而行。

（二）注重学习过程中的师生、生生的交流和讨论

根据本模块学习内容的特点，教师应改变传统教学中，教师讲、学生听的教学方式，在教学中更多运用讨论式的教学方式，并加强教学过程中的教师与学

生之间、学生与学生之间的交流。例如关于“二里头遗址研究中的疑难问题”，在教学中，教师不能只是逐个讲解、介绍问题，而应该根据学生学习需要，就某一个问题展开讨论，让学生畅所欲言，充分发表自己的见解。在讨论过程中，教师不能硬性干预，而应注意及时引导学生养成正确的思维习惯。同时，在讨论中，教师不能置身于讨论之外，也应该以平等的身份，参与讨论，发表自己的见解，与学生交流。

（三）有条件的地区学校，可以适当组织对历史遗址、遗迹、博物馆等的参观、考察

在本模块内容学习过程中，各地区和各学校，可以根据当地的条件，适当组织学生实地进行对历史遗址、遗迹、博物馆等的参观、考察。在这方面，我国有着丰富的资源，各地区的历史遗址、遗迹、博物馆非常多。对历史遗址、遗迹、博物馆等的参观、考察应是本模块重要的学习辅助方式之一，因此，在进行此项活动时，教师要组织得当，对学生具体提出合理

的学习要求。

（原载《普通高中历史课程标准（实验）解读》，江苏教育出版社 2003 年版）